国家出版基金项目
NATIONAL PUBLICATION FOUNDATION

"十四五"时期国家重点出版物出版专项规划项目
全国高校出版社主题出版
中国减贫方案与全球贫困治理丛书

世界反贫困的中国方案

向德平 等著

華東理工大學出版社
EAST CHINA UNIVERSITY OF SCIENCE AND TECHNOLOGY PRESS
·上海·

图书在版编目(CIP)数据

世界反贫困的中国方案 / 向德平等著. —上海：华东理工大学出版社，2024.12

ISBN 978-7-5628-7092-0

Ⅰ.①世… Ⅱ.①向… Ⅲ.①扶贫-研究-中国 Ⅳ.①F126

中国国家版本馆 CIP 数据核字(2023)第 127377 号

策划编辑 / 刘 军 藕 园
责任编辑 / 藕 园
责任校对 / 王雪飞
装帧设计 / 肖祥德
出版发行 / 华东理工大学出版社有限公司
地址：上海市梅陇路 130 号，200237
电话：021-64250306
网址：www.ecustpress.cn
邮箱：zongbianban@ecustpress.cn
印　　刷 / 上海中华商务联合印刷有限公司
开　　本 / 710 mm×1000 mm 1/16
印　　张 / 16
字　　数 / 190 千字
版　　次 / 2024 年 12 月第 1 版
印　　次 / 2024 年 12 月第 1 次
定　　价 / 78.00 元

本书为中央高校基本科研业务费资助项目“中国特色反贫困理论研究”(2021WKFZZX012)、研究阐释党的十九届六中全会精神国家社科基金重大项目“伟大脱贫攻坚精神研究”(22ZDA091)阶段性成果。

丛书总序

中共中央总书记习近平在庆祝中国共产党成立100周年大会上庄严宣告,我们实现了第一个百年奋斗目标,在中华大地上全面建成了小康社会,历史性地解决了绝对贫困问题,正在意气风发向着全面建成社会主义现代化强国的第二个百年奋斗目标迈进。建党一百多年来,中国共产党为了带领全国人民摆脱贫困、过上美好生活,在新民主主义革命时期、社会主义革命和建设时期、改革开放时期等阶段进行了不懈的努力和探索。中国共产党第十八次全国代表大会(以下简称"党的十八大")以来,中国特色社会主义进入新时代。在中共中央总书记习近平的亲自指挥和习近平扶贫重要论述的指引下,中国脱贫攻坚取得举世瞩目的成就,创造了人类发展史上的中国奇迹,极大丰富和发展了中国特色减贫理论与实践。中国特色减贫道路更加坚定了全球共建一个没有贫困、共同发展的人类命运共同体的决心和信心,有力地促进了马克思主义反贫困理论中国化发展和全球贫困治理理论的创新。

国务院新闻办公室发布的《人类减贫的中国实践》白皮书,从五个方面真实记录了中国消除绝对贫困的伟大历程,全面介绍了人类减贫的中国探索和实践,深入分享了中国扶贫与脱贫的经验做法,生动展现了中国坚持以人民为中心、让人民过上好日子的坚定信念和务实行动，充分彰显了中国积极参与全球贫困治理、为建设更加美好的世界做出更大贡献的责任担当。

2021年5月31日，在加强我国国际传播能力建设进行第三十次集体学习时，中共中央总书记习近平在主持学习时强调，讲好中国故事，传播好中国声音，展示真实、立体、全面的中国，是加强我国国际传播能力建设的重要任务。要深刻认识新形势下加强和改进国际传播工作的重要性和必要性，下大气力加强国际传播能力建设，形成同我国综合国力和国际地位相匹配的国际话语权，为我国改革发展稳定营造有利外部舆论环境，为推动构建人类命运共同体作出积极贡献。

中国成为全球最早实现联合国千年发展目标中减贫目标的发展中国家。中国选择的道路、提供的方案、倡导的价值，不仅使自身的脱贫事业取得了举世瞩目的成就，而且在国际减贫交流与合作中助力其他国家加快了减贫步伐，为世界减贫事业做出了卓越贡献。中国是制定和推动联合国2030年可持续发展目标、坚持减贫和共享发展、构建人类命运共同体的主要推动者和倡导者，在致力于消除自身贫困的同时，积极同联合国、世界银行及广大发展中国家进行减贫交流与合作，为其他国家的贫困治理贡献中国力量。因此，中国特色的反贫困经验到了需要内集聚和外输出的重要关口。

讲好中国减贫探索和实践的世界意义、讲好中国减贫经验和故事是时代赋予中国的重要使命。真实客观、生动系统地讲述中国减贫有助于在展示和提升中国负责任大国形象的同时，让世界更加全面和深刻地了解中国减贫实践，增强其他国家实现消除贫困和不平等、推进可持续发展目标的信心。中国减贫理念、中国减贫智慧、中国减贫故事，充分体现了中国对人类贫困问题的思考、对贫困治理的设计，能够更好地助力世界减贫与发展，为构建人类命运共同体贡献中国力量。

本丛书从世界反贫困进程中的中国方案入手，全面阐述了中国特色的反贫困理论体系和实践经验。话语体系建构和理念路径选择成为中国反贫困经验国际传播的具体实现形式，中国与一带一路沿线国家、与南南合作国家、中国社会组织反贫困国际合作等则作为典型案例。本丛书既有本土经验，又有国际视野；既包含社会学视角的理论和实践研究，又包含传播学的理念和路径探索。因此，本丛书兼具学理性和传播性，既可以作为国内外一线贫困治理的指导性读本，又可以作为展示中国反贫困经验的宣教读本，为本领域的研究人员和实务工作者提供了全面、详实的科研和工作参考。

第一，本丛书深刻阐释了当代中国反贫困经验的世界意义。当代中国减贫理念是在中国历史文化积淀的基础上，在中国扶贫实践中逐步形成的，对当代世界的减贫与发展具有独特意义，是讲好中国减贫经验和故事的重要精神内核。如丛书中的《世界反贫困的中国方案》一书从中国反贫困的背景意义、发展历程、制度优势、政府主导、社会参与、精准方略等角度出发，立足中国国情，把握减贫规律，构建了一整套行之有效的政策体系、工作体系、制度体系，走出了一条中国特色的减贫道路，形成了中国特色反贫困理论，这是我国反贫困的制胜法宝。

第二，本丛书助推加快构建中国反贫困国际话语和叙事体系。我们要在国际舆论场上努力形成中国表达、中国语意，真实地传播减贫理念和智慧，就需要积极展开多渠道、多形式的对外传播，加强分层设计，做好量体裁衣；用中国理论阐释中国实践，用中国实践升华中国理论，打造融通中外的新概念、新范畴、新表述，更加充分、鲜明地展现中国故事及其背后的思想力量和精神力量，使中国减贫的声音传得更准、更快、更远、更响。

第三，本丛书展现了中国反贫困的国际交流与合作。中国以构建人类命运共同体的责任担当积极为世界减贫事业贡献中国方案，早在2004就成立了中国国际扶贫中心，旨在为世界消除贫困事业做出贡献。中国建立了“中非合作论坛”“东盟社会发展与减贫论坛”，成立了“中国国际发展知识中心”等，还先后提出“设立南南合作援助基金和南南合作与发展学院”“建立以合作共赢为核心的新型国际减贫交流合作关系”“着力实现多元自主可持续发展”等一系列国际减贫合作新机制。

第四，本丛书助力我国全面提升国际传播效能，促进高校的学科建设和后备人才培养。中国的减贫探索和实践在不断取得成效的同时，为反贫困理论创新提供了契机，进一步推动了国际反贫困理论的丰富与发展，为我国带来了新的学科研究方向。贫困问题是经济、政治、文化、生态等多领域问题的交叉体现，多维度的研究内容为此领域的研究者提供了丰富的研究素材和源源不断的研究动力。例如，本丛书中基于国际合作的典型案例——中国与一带一路沿线国家、中国与南南合作国家、中国社会组织反贫困经验等，提供了不同语境、环境背景下的贫困治理研究，为此领域的研究者带来了新的研究理论、实践方法和技术手段。中共中央总书记习近平强调，要全面提升国际传播效能，就需要建设适应新时代国际传播需要的专门人才队伍。我国要加强国际传播的理论研究，掌握国际传播的规律，构建对外话语体系，提高传播艺术；要采用贴近不同区域、不同国家、不同群体受众的精准传播方式，推进中国故事和中国声音的全球化表达、区域化表达、分众化表达，增强国际传播的亲和力和实效性。因此，本丛书也能助力培养适应新时代国际传播需要的专门人才队伍。

向德平

目录

第一章
世界反贫困的格局

贫困作为困扰各国发展的全球性问题，是当今世界面临的最严峻挑战之一。无论是相对落后的发展中国家，还是生产力领先的发达国家，均面临着不同程度的贫困问题。如何有效且全面地消除贫困，一直以来都是人类社会探索的共同课题。面对不同的国情，在不同的学科视角下，有关贫困的表象、发生机制和消除路径都不尽相同。本章将通过阐述世界范围的贫困问题及其根源、世界反贫困的历程、成就和挑战，系统呈现贫困和反贫困问题的世界格局。

一、世界范围内的贫困问题及其根源

世界范围内的贫困问题具有严峻性、长期性的特点，其根本原因在于贫困问题的综合性、复杂性和差异性。同时，随着人类社会的进步与发展，贫困的性质、表征和特点也不断发生变化，呈现动态性特征。这在一定程度上增加了贫困的复杂性，提高了解决贫困问题的难度。本部分将对世界范围内贫困问题的表现、成因及其根源进行梳理，以此探究贫困问题的全球性特征。

（一）世界贫困问题的表现

贫困是多维的概念，既表现为收入贫困、物质贫困，又表现为权力贫困、能力贫困等多个方面。受资源禀赋、经济发展水平、人口结构、自然环境等因素的影响，世界各国均存在着不同程度和表现形态的贫困。这些贫困问题在世界范围内既有共性又表现出差异性，反映了各国发展进程中的不完善和局限性。从历时性的角度来看，人们对贫困问题的认识大致经历了从物质、能力和权力层面再到社会发展层面的演变过程，总体呈现随着人类经济社会发展的进步而递进的动态变化。

由于贫困的综合性和动态性，各界对贫困的界定和标准存在不同的认识，并且随着社会的发展对其进行动态调整。目前，对贫困的界定从经济范畴延伸到能力、权力和人类社会发展等多维范畴，对贫困的测量多以国际贫困标准和多维贫困指数为准。国际贫困标准以经济收入为衡量单位，强调一定时期内维持人们基本生存所需的最低费用，这是贫困最为基础的界定方式。2015 年，世界银行将国际贫困线由每人每天 1.25 美元的生活费上调至 1.9 美元，即人均每天生活费低于 1.9 美元的人口被认为处于极端贫困中。2022 年 5 月，世界银行宣布将国际贫困线标准继续上调至 2.15 美元，这意味着极端贫困人口的数量可能增加。联合国开发计划署（UNDP）聚焦能力测评和团体内部缺失的程度，纳入预期寿命、人均国内生产总值（GDP）和教育指数（识字率和入学率）三个指标维度，测算出“人类发展指数”（HDI）和“人类贫困指数”（HPI），以此更全面地衡量人类贫困。此后，学界提出多维贫困的概念并明确其识别方法，一定程度上弥补了仅以收入为贫困衡量标准的不足。由此，多维贫困指数(MPI)得以产生，成为从“收入、教育、社会保障和住房条件”四个维度①的剥夺情况来综合衡量贫困的国际指标。贫困测量指标的完善，为贫困的识别提供了依据，也为世界反贫困提供了现实参考。

从国际形势来看，目前全球贫困人口多、分布不平衡、贫困状况复杂、消除难度大。2010—2019 年，全球贫困人口数量和贫困发生率持续下降，世界减贫进程取得进展。但从 2020 年开始，世界贫困形势发生变化。联合国 2021 年、2022 年发布的报告显示：全球极端贫困率从 2019 年的 8.4%上升到 9.5%，中断了自 1998 年以来连续下降的趋势；2020 年极端贫困人口新增 9 300 万人，全球四分之一的人口生活在受冲突影响的国家，截至 2022 年 5 月，约 1 亿人被迫流离失所，年轻人失业率持续攀升，童工使用和童婚现象增长。2021 年的 *Poverty trends: global, regional and national*(《贫困趋势：全球，区域和国家》)报告数据显示，全球约有 10%的人口(约 6.98 亿人)仍处于极端贫困之中，18.03 亿人的生活水平低于贫困线。世界银行的数据显示，撒哈拉以南非洲地区(极端贫困人口数量占世界贫困人口总数的一半以上)、印度、拉丁美洲是当前世界极端贫困人口主要居住的国家和地区。2022 年，世界银行发布的报告指出，受流行病危机、日益增长的通货膨胀压力和俄乌冲突等综合因素的影响，2022 年处于极端贫困状态的人数预计将在 6.57 亿至 6.76 亿之间，相较于流行病发生之前预测的 5.81 亿贫困人口有所增加。

① Oshio T and Kan M, “Multidimensional poverty and health: evidence from a nationwide survey in Japan,” *Int J Equity Health* 13, no. 1(2014): 128.

从贫困的多维指标来看，世界贫困形势较为严峻，贫困人口面临着不同的困境。联合国开发计划署（UNDP）发布的《2021 年全球多维贫困指数》报告显示，109 个国家的 59 亿人口中，有 13 亿人口（约占 22%）处于多维贫困的状态中。10 亿人暴露于固体烹饪燃料造成的室内空气污染中，另外 10 亿人缺乏适当的卫生设施，还有 10 亿人的住房不符合标准；7.88 亿人的家庭中至少有一人营养不良；5.68 亿人无法在来回 30 分钟步行范围内获取清洁的饮用水。

从贫困的类型来看，全球主要有以撒哈拉以南非洲地区为代表的生产力不足引发的贫困、以南亚地区为代表的人均资源不足引发的贫困、以拉丁美洲地区为代表的流动性贫困或城市贫困、以中东欧和中亚地区为代表的转型性贫困，以及以欧美发达国家为代表的移动性贫困。[①]

（二）世界贫困问题的成因

贫困作为人类发展过程中的普遍社会现象，是一个较为宽泛且相对的概念。一方面，贫困问题与“缺乏”状态紧密相关；另一方面，贫困问题又不单纯表现为经济收入和消费问题，而是对文化、经济、政治、自然等多重问题的综合反映。总体来看，贫困的成因可分为客观因素和主观因素。客观因素侧重揭示贫困群体所面临的经济社会结构对贫困产生的影响；主观因素重点关注贫困主体自身与贫困之间的关系。

1. 客观因素

在探讨世界范围内贫困成因的问题上，政治学、社会学、经济学等领域

---

① 人民论坛“特别策划”组：《人类减贫的历程及探索》，《人民论坛》2021 年第 11 期。

的诸多学者多关注自然环境、经济结构和市场机制等客观因素对贫困产生的影响。饥荒、灾祸、殖民主义、宗教、资本主义和工业化、市场化与货币化、经济危机、世界市场、福利国家的崛起等都成为探讨贫困问题不可忽略的影响因素。[①] 这些外在原因不仅超越了个体的能力范围,而且也超越了通过改变个体自身来摆脱贫困的逻辑。

一是自然环境的影响。英国人口学家马尔萨斯(Malthus)从人口规律出发,将贫困产生的原因归结为人口增长这一自然机制,提出了"人口剩余致贫论"。他认为,人口呈几何级数增长,但土地、食物等相关的生活资料仅以算术级数增加,以无限增长的人口对有限的自然资源,其结果往往会导致饥荒、死亡和贫困。在这一论点下,贫困的产生是因为人口的增长超过了自然为人类提供生产资料的能力限度。同时,这种自然机制与灾害、生态环境等诸多因素交织在一起,与贫困的发生密切相关,难以依靠人力去改变。一方面,自然灾害与贫困的发生有直接关系。灾害(如气候变化、洪水、干旱、地震、泥石流等)会使部分地区,尤其是贫困地区的人们财产受损、生活方式被迫改变、生活条件恶化、生计受影响,进而导致人类社会发展水平显著下降和贫困程度显著上升。[②] 另一方面,生态环境与贫困的发生有间接关系。贫困人口尤其是农村贫困人口的生计主要依赖自然资源,他们往往利用自然资源来满足日益增长的生活需要,但自然环境只能支持有限数量的人,超

① 史蒂夫·M. 博杜安:《世界历史上的贫困》,杜鹃译,商务印书馆,2015,第73—89页。

② Rodriguez-Oreggia E, De La Fuente A, De La Torre R, et al., "Natural Disasters, Human Development and Poverty at the Municipal Level in Mexico," *The Journal of Development Studies* 49, no. 3 (2013): 442 - 455.

过限度就会发生枯竭和退化。[①] 当气候、土地、森林、水资源等环境发生变化或遭受破坏时，自然条件恶劣、区域资源限制、收入水平低、基础设施差等原因使得处于贫困状态的人口或地区更容易受到伤害，进而使贫困程度进一步加深，减贫防灾难度进一步加大。

二是经济结构的影响。美国经济学家纳克斯(Nax)提出了“贫困恶性循环”理论，他认为发展中国家的贫困存在着许多相互影响的“恶性循环系统”，低收入导致低资本，引起低产出，最后又回归到低收入的恶性循环，阻碍了家庭获取良好的健康、教育等福利。同时，多个恶性循环的链条之间互相作用，使不利影响加倍扩大并产生代际传递，贫困人口难以摆脱贫困的循环向上流动，被禁锢的国家经济也难以找到良性发展的出路，这种恶性循环导致了发展中国家经济发展的停滞不前和人们的长期贫困。同时，社会经济发展的各因素之间存在着循环积累的因果关系，受区域发展中规模经济和扩散效应的影响，落后地区的人力、资本、技术等要素会逐渐向发达地区流动，由此产生的“回流效应”导致贫困地区越发贫困。[②] 市场的缺失又会限制贫困人口获取比较优势和获得分工与交换剩余，由此造成部分人口的失败与贫困。[③]

三是社会政策的影响。从社会学的角度看，不完善的政策制度、历史上

---

① Lawson E T, Gordon C and Schluchter W, “The dynamics of poverty—environment linkages in the coastal zone of Ghana,” *Ocean & coastal management* 67, no. 5 (2012): 30 - 38.

② Myrdal G, *Economic Theory and Under -Developed Regions*. (London: Duckworth, 1957), pp. 27 - 32.

③ Michael and Spence, “Job Market Signaling,” *The Quarterly Journal of Economics* 87, no. 3 (1973): 355 - 374.

形成的先天资源不足、沉重的人口负担等因素都造成了贫困。[①] 迈克尔·谢若登(Michael Sherraden)认为,许多福利政策没有起到反贫困的效果,反而成为导致不平等和贫穷的元凶。[②] 一方面,政策既能够规定“穷人”的标准,决定其在社会分层结构中的位置,同时也可能再造贫困,如英国的“圈地运动”、美国的“种族歧视政策”分别导致了无家可归者和有色人种的贫困境遇。另一方面,某种意义上,贫困就是政策概念,政策行为随时准备或时刻能够左右社会结构。[③] 所以,政策本身的失误或不当都可能引起不平等,进而导致贫困。[④]

2. **主观因素**

随着对贫困认识的不断深入,许多学者开始将研究的重心放在贫困主体上,并且尝试用文化和能力因素去解释贫困。

一是贫困文化的影响。美国人类学家奥斯卡·刘易斯(Oscar Lewis)提出贫困文化理论,认为世界上存在一种脱离社会主流的贫困亚文化,这种文化是在既定历史和社会背景下穷人独特的规范体系、价值观念和生活方式,[⑤]让身处其中的人自然习得、适应依赖并难以摆脱。贫困文化一旦形成,就必然倾向于永恒。棚户区的孩子到六七岁时,通常已经形成了贫困亚文化的基本态度和价值观念。因此,他们在心理上不准备接受那些可能改变他们生活

---

① 刘俊文:《超越贫困陷阱——国际反贫困问题研究的回顾与展望》,《农业经济问题》2004 年第 10 期。

② 迈克尔·谢若登:《资产与穷人》,高鉴国译,商务印书馆,2005,第 278 页。

③ Alcock P, *Understanding Poverty*. (London: The Macmillan, 1993), pp. 13.

④ 周怡:《贫困研究:结构解释与文化解释的对垒》,《社会学研究》2002 年第 3 期。

⑤ Woods F J, “Five Families: Mexican Case Studies in the Culture of Poverty,” *Social Service Review*, 34, no. 1 (1960): 99 - 100.

的种种条件或改善的机会。[1] 贫困亚文化一旦产生,便会有自我延续的趋势,并且以家庭为单位进行传递,造成一种惯性的长期贫困。在这一理论下,贫困被归结为贫困人口自身动力不足。

二是能力的缺乏。阿马蒂亚·森(Amartya Sen)在《以自由看待发展》一书中提出了能力贫困,指出对个人处境的判断要以其所具备的能力为标准,即个人所拥有的且享受自己想要珍视的生活的实质性自由。[2] 他认为,贫困的实质是缺乏获取某种最低限度需要的基本能力。在贫困地区,能力贫困突出表现为普遍存在的知识贫困。教育发展落后、教育资源不足、知识资本存量低下导致低素质劳动力集中形成的"低素质屏障效应",加剧了贫困问题。能力贫困的提出让人们将贫困的衡量指标从收入低下延伸到能力的剥夺,对经济发展的重视拓展到对人与社会自由发展的关注。

(三) 世界贫困问题的根源

尽管贫困长期存在于人类社会中,但人们却不容易揭示其产生的原因和内在逻辑,这表明贫困根源具有综合性、复杂性和深刻性的特点。世界范围内的贫困问题是指覆盖范围较广、持续时间相对较长的贫困问题,通常具有类似的成因,其根源往往也存在共性。人们随着社会发展的历程,由表及里、由浅入深地对贫困根源进行了揭示。自然、经济、社会、政治方面的因素是导致贫困较为普遍的原因,但从本质上看,人类经济社会发展状态中存在的不平等是贫困发生的根源。

---

① Oscar L, "The Culture of Poverty", *Scientific American* 125, no. 4(1966): 19 - 25.

② 阿马蒂亚·森:《以自由看待发展》,任赜、于真译,中国人民大学出版社,2002,第227—239页。

一是收入分配不平等导致的贫困。在自由的经济市场中，贫困是个人行为和市场选择的结果，由人口生育情况和经济体系的供求关系共同决定。奥科克(Aucoc)对不同时期因失业导致大量贫困现象的案例进行了分析，揭示了市场供需变化对贫困的影响，指出"失业、低工资、早退休、高税收等引起了贫困，国内外各种各样经济力量的变化都可能而且正在引起贫困"。①纳克斯的"贫困恶性循环"理论、纳尔逊(Nelson)的"低水平均衡陷阱"理论、莱宾斯坦(Leibenstein)的"临界最小努力"理论、缪尔达尔(Myrdal)的"循环积累因果关系"理论等都阐述了收入分配与贫困的关系。在经济学家眼中，贫困被视为某种收入分配格局中的产物，经济的不平等是导致贫困的直接根源。②

二是社会分层导致的贫困。从分层的视角来看，贫困本质上就是一种不平等，需要从结构或制度层面寻求其根源。社会分层是"基于社会权力、社会资源的占有和分配所形成的社会地位之间的不平等关系"。③ 这种分层结构不仅决定了不同群体的活动范围和机会，也影响着社会制度的形成。由于不同层级的群体所占有的资源和拥有的权力不等，可用的资源又是有限和短缺的，因此各群体间会产生利益的争夺，其结果便是不同群体对资源进行不平等的分割，进而让部分资源占有不足的群体陷入相对贫困的状态。权力结构的不平等、不合理，使部分群体"失能"而陷入贫困或长期陷于贫困之中，其结果又会强化社会对他们的排斥和偏见，加剧社会矛盾。④

① Alcock P, *Understanding Poverty* (London: The Macmillan, 1993), pp. 132. 转引自周怡：《贫困研究：结构与文化解释的对垒》，《社会学研究》2002 年第 3 期。

② 张明龙、池泽新：《贫困研究概况与述评》，《经济研究导刊》2015 年第 8 期。

③ 郑杭生：《减缩代价与增促进步：社会学及其深层理念》，北京师范大学出版社，2007，第 331 页。

④ 周怡：《贫困研究：结构解释与文化解释的对垒》，《社会学研究》2002 年第 3 期。

三是制度导致的贫困。马克思是最早从制度和生产关系层面揭示贫困根源的学者。马克思认为,资本主义私有制度是无产阶级贫困的根源,在这种制度下,贫困的根本成因在于对生产资料的不平等占有。失去生产资料的无产阶级被迫向资产阶级出卖劳动力,劳动产生的剩余价值又被少数的资产阶级占有,导致资本积累的两极分化,即资产阶级财富积累与无产阶级贫困积累。无产阶级的贫困内生于资本主义结构化的生产关系和生产方式中,其“被剥夺了劳动资料和生活资料的劳动能力是绝对贫穷本身”。① 马克思的《资本论》揭示了世界贫困与资本生产、资本积累的内在关联,直接指明了贫困问题源于资本的剥削机制。② 制度因素直接或者间接限制了部分人的权力、机会和资格,进而导致贫困。③

二、世界反贫困的历程

一直以来,消除贫困、实现共同富裕是国际社会追求的共同理想。世界银行将“建立一个没有贫困的世界”作为使命。联合国倡导各国携手行动,提出千年发展目标,致力于消除任何形式的极端贫困与饥荒、促进贫困国家实现经济增长和满足人类社会可持续发展的需求。为了达到这一目标,世界各国人民与贫困的抗争从未停歇,不断探索可以缓解或消除贫困的有效方案。可以说,人类发展的历史就是一部贫困与反贫困的历史。本部分回

① 马克思、恩格斯:《马克思恩格斯全集》,中共中央马克思恩格斯列宁斯大林著作编译局译,人民出版社,1998,第 44 页。

② 周露平:《〈资本论〉的反贫困哲学及其新时代价值》,《马克思主义研究》2019 年第 12 期。

③ 张永丽、沈志宇:《贫困与反贫困问题研究述论》,《西北民族大学学报(哲学社会科学版)》2020 年第 4 期。

顾了世界反贫困的各个阶段,以及各阶段的反贫困探索,阐述了世界反贫困的政策理念和战略变迁,以呈现世界反贫困的全景。

(一) 世界反贫困的阶段性探索

“反贫困”的概念由瑞典经济学家缪尔达尔率先提出,其涵盖减少贫困、减缓贫困和消除贫困三层含义。其中,减少贫困强调减少贫困发生的数量;减缓贫困强调减缓贫困发生的程度;消除贫困强调从根本上消灭贫困,是反贫困的最终目标。随着经济社会的发展与进步,世界反贫困的重心也在不断变化。总体来看,世界反贫困大致经历了以饥荒防治为重心、以社会保障为重心、以经济增长为重心、市场化改革与国家推动相结合①、以可持续发展为重心的五个阶段。

1. 18 世纪 60 年代前:以饥荒防治为重心的反贫困阶段

工业革命发生前的农业文明时期,贫困最直接的表现形式是由粮食短缺造成的饥荒。在这一阶段,由于人口大幅增长和粮食产量的限制,人类时刻面临着局部性和长期性饥荒的挑战。一旦遭遇天灾或人祸,农作物大量减产,便会引起大规模的饥荒。如 16 世纪末的英格兰,平均每 10 年到 20 年便会面临一次大规模的饥荒;17 世纪欧洲气候骤变,农业生产量下降、饥荒频发,导致西方社会流民数量急剧上升,社会大众普遍贫困。因此,在工业文明时代开启之前,防治饥荒成为世界反贫困的核心任务。其间,各国防治饥荒的措施主要包括以工代赈、移民、备荒储蓄等,主要方式有三种:一是互助救济,受荒者与家族宗亲形成共同体,寻求支持;二是立法救济,如

---

① 张琦:《全球减贫历史、现状及其挑战》,《人民论坛》2021 年第 11 期。

中国古代将重农抑商作为国策，储粮备荒、兴修水利，同时通过调粟帮民、减免税收、赈济灾民等应急方式防治饥荒；三是慈善救济，如中世纪的欧洲商人行会组织、宗教团体，阶段性为受荒者和贫困群体提供衣食，供其生存所需。

2. 18 世纪 60 年代至 20 世纪中叶：以社会保障为重心的反贫困阶段

18 世纪 60 年代工业革命开始以来，人类社会的经济结构发生质的转变。随着两次工业革命的推进与完成，各资本主义国家城市化和工业化进程加快，生产力水平大幅提升，经济实力显著增强。工业发展对传统社会结构的改变，使许多以手工业等谋生的家庭遭遇破产，大量劳动力涌入城市。社会财富的增加并没有改变工人阶级的生活状况，反而造成了明显的社会贫富分化格局。在资本家财富积累的同时，工人却长期生活在环境持续恶化、工作条件极度恶劣的地方，受政治和经济上的压迫与剥削，遭遇疾病、贫困和饥饿的折磨。在这样的情况下，无产阶级的贫困现象日渐突出，引发了犯罪、大规模罢工、武装起义等一系列社会问题。这使得资本主义国家开始关注无产阶级的贫困状况。

这一阶段，发达国家主要通过颁布社会保险、社会福利、社会救济等政策，建立以社会保险为主的社会保障制度，以改善贫困状况。美国于 1935 年颁布《社会保障法》，建立起以为贫困群体提供物质救助为主的社会保障体系；英国在《伊丽莎白济贫法》的基础上颁布了《济贫法修正案》(即《新济贫法》，随后又出台了《国民保险法》《工厂法》《失业工人法》《家庭救助法》等多部法案，为工人的劳动就业、工资福利等提供了保障；德国率先开启社会保险制度时代，颁布《疾病保险法》《雇员保险法》等一系列社会保险法案，有效缓解了因城市化和工业化带来的失业、女工、童工等社会问题。随后，社会保险制度在英国、美国、法国等资本主义国家先后建立，成为这一时期发达国家重要的反贫困措施。欧洲许多发达国家也开始重视和完善教育、医疗、劳工等社会政策，不断拓宽社会福利保障的范围。

3. 20 世纪中叶至 20 世纪 70 年代末：以经济增长为重心的反贫困阶段

第二次世界大战结束后，国际呼吁的主题由“战争与革命”转变为“和平与发展”。随着第三次工业革命的推进，人类社会财富大幅增长，经济收入水平提高，人民生活得到改善。但世界各国的发展并未同步，许多发展中国家基本没有享受到科技进步和经济繁荣带来的红利，贫困程度远高于发达国家。这一时期，各国开始向外寻求援助，在国际合作中推动反贫困的进程。同时，世界银行、国际货币基金组织，亚洲、非洲开发银行等国际或区域性援助机构开始加入反贫困队伍，以分享数据知识、制定国际方案、提供贷款资源等方式助力全球减贫。

基于发展基础和水平的差异，这一阶段不同国家实施的反贫困战略有所区别。发达国家的反贫困探索主要有两种。一是实施系统的反贫困战略计划，对贫困人口或低收入群体开发教育和培训。如 20 世纪 60 年代，美国全面实施“向贫困开战”的反贫困行动计划，确立了贫困人口“最大化参与”原则，从工作培训、就业援助、教育、社区援助、农业补贴、未成年儿童抚养公共援助计划等方面开展反贫困工作，让贫困人口通过教育和培训提高生存能力，进而实现脱贫。二是重视落后地区的经济开发和发展，实施区域政策。如英国先后颁布了《工业分布法》《地区工业法》《工业发展法》，通过政府加大投资和设立地区就业奖励的方式，促进落后地区的经济发展，为低收入者创造就业机会。发展中国家的反贫困实践则以促进国民经济增长为目标，主要有两种举措：一是采取措施推动农业发展，通过加大投入和完善基础设施、提升技术和调整生产关系，提高农业现代化水平。二是实施土地改革和国家工业化战略，推行区域开发政策，通过地区发展辐射周边，发挥区域经济增长的扩散效应。如巴西通过实行农产品最低价格保护政策、加强开发区的基础设施建设，鼓励农业发展；印度通过土地改革、“绿色革命计划”、信贷支持等方式，为农业生产创造条件。在以经济增长为重心的反贫困阶段，发达国家和发展中国家的贫困问题都得到了一定程度的解决，世界反贫困的方式发生变化，全球减贫进程加快。

4. 20 世纪末期：市场化改革与国家推动相结合的反贫困阶段

“冷战”结束后，世界各国的贫困问题出现本质差别，反贫困的重心开始转移。发展基础好、经济水平高、社会福利制度相对完善的发达国家基本上摆脱了极端贫困，贫困问题的重心由绝对贫困转向相对贫困。20 世纪末，发达国家的福利支出基本占财政支出的 50%。社会福利制度带来的庞大福利支出，极大地加重了发达国家政府的负担，也造成了社会发展低效率运行的困境。而对发展中国家来说，生存和发展经济依旧是贫困问题的核心，但以经济增长为核心的反贫困方式逐渐失灵，开始受到怀疑和挑战。因此，发达国家和发展中国家都在不断探索和努力，致力于创新和调整现有的反贫困政策，以更好地适应新阶段。

发达国家将调整的重心放在福利制度的改革上。一是建立工作福利制度，减轻政府负担，如美国对福利制度进行修改，先后颁布《个人责任和工作机会协调法案》和《为自立而工作法案》，使无限制的终身福利转为有限制的临时福利①，让贫困人口在享受社会救助的权力时，履行参加工作的义务。

① 闫坤、孟艳：《反贫困实践的国际比较及启示》，《国外社会科学》2016 年第 4 期。

二是对贫困群体进行分类，强化慈善机构等多元主体的作用，将福利服务外包来提高制度实施的效果和效率。发展中国家则开始寻求国际合作，由政府干预主导向国际合作的外向式减贫转变，通过将市场化改革和政府干预结合起来，扩大对外开放，缩小区域收入差距。在市场化层面，逐步放缓对经济的干预，大力吸纳外向资源，积极推动经济的转型升级；在政府干预层面，设立专门的扶贫开发机构来直接指导反贫困，如中国的扶贫工作由国务院扶贫开发领导小组办公室①（以下简称“国务院扶贫办”）进行统一指导和规划。除此之外，随着反贫困的推进，发展中国家也开始借鉴发达国家的减贫经验，逐步健全社会福利制度体系，同时重视对贫困群体人力资本的投入，综合通过教育培训、医疗救助、小额贷款、兜底保障等方式推动减贫。

5. 21 世纪以来：以可持续发展为重心的反贫困阶段

随着“冷战”的结束，全球化成为人类经济社会发展的主要趋势。各发展中国家通过采取外向型的经济合作策略和充分利用劳动力优势，使贫困率有所降低。对发展中国家而言，经济全球化既是机遇也是挑战。一方面，发展中国家融入全球市场体系中，经济得到增长，减贫动力增强。另一方面，全球化扩大了世界贫富差距，加剧了发展中国家之间的不平衡，使贫困不再局限于单个国家、地区或个人，而成为穷国与富国之间的问题。撒哈拉以南的非洲等处于全球化边缘位置的发展中国家，往往难以有效地分享全球化带来的红利。进入 21 世纪开始，全球化进程带来了“逆全球化”、社会不公平、金融危机、跨国犯罪、能源和粮食安全、移民等风险挑战。在这些风险挑战面前，由于自身防御风险的能力相对较弱和资源依赖性较强，发展中国

① 2021 年 2 月，其更名为国家乡村振兴局，根据本书撰写实际，采用不同称谓。

家常处于不利地位，不仅参与全球化进程的机会减少、竞争力削弱、难度增大，自身经济体系也受到较大的冲击，减贫速度不断放缓。为了缩小各国之间的贫富差距，进入21世纪以来，以中国为代表的发展中国家成为全球反贫困的主战场。这一阶段，“治理”“善治”“共同治理”“以人为本”“可持续发展”等全球治理理念和发展观，深化了人们对全球反贫困内涵的认识与理解。2000年，联合国提出世界减贫合作的“千年发展计划”(MDGs)，并且将“消除贫困”作为首要目标，为推动人类可持续发展提供了系统性的框架。2015年，联合国又进一步提出“2030年可持续发展目标”，开始关注环境的可持续、社会公平与包容等因素，力求消除一切形式和表现的贫困。在这样的背景下，发展中国家采取了一系列反贫困举措，取得了明显的效果，中国更是提前十年完成了联合国2030年的减贫目标，为世界减贫事业做出了重大贡献。

21世纪以来，发展中国家开始通过寻求世界或区域合作，推动建立起有效的贫困治理合作机制，减贫成效显著。一方面，发展中国家因地制宜，制定适合国情的发展策略，以自身发展带动全球减贫。如中国创新实施精准扶贫方略，于2020年全面消除了国内的绝对贫困，成为首个完成联合国减贫目标的发展中国家，打造出了全球减贫的中国样本。另一方面，以中国为代表的发展中国家积极参与国际援助和贫困治理，支持和协助其他发展中国家消除贫困，推动“南北合作”减贫模式向“南北”“南南”两种合作模式并行发展转变，促进国际发展援助方式的多样化。除中国的精准扶贫方略外，孟加拉国探索创立的小额贷款的做法、巴西实施的家庭补助金计划、印度尼西亚发展劳动密集型制造业的成功实践等，都彰显了发展中国家自身的强大力量和独特价值，在推动“南南合作”减贫模式转型升级的前提下，从技术、理念和方法上为国际减贫合作赋能。[①] 除此之外，印度、土耳其和墨西哥分别开展的技术、教育、农业援助，都在“南南合作”中取得了良好的减贫效果。中国还通过推动“一带一路”倡议、倡导设立亚洲基础设施投资银行、出资设立丝路基金等方式，为全球减贫事业注入了新动能，既让合作减贫的成果惠及更多的国家和人民，又整体推进了共建无贫困、共发展的人类命运共同体的进程。

（二）反贫困理念及政策的演进

不同的历史时期，人们对贫困问题的理解和认识存在着差别，反贫困政策便随着人们对贫困问题认识的深入不断演进。一直以来，国际上对贫困问题有着极高的关注度，在历史上的各个阶段形成了诸多反贫困理论，这些理论的产生推动着反贫困政策或战略的制定与变迁。

1. 推动平衡增长的反贫困政策理念

美国纳克斯教授在《不发达国家的资本形成问题》一书中提出了“贫困恶性循环”理论，认为资本的匮乏和形成不充分是不发达国家贫困和其产生恶性循环的主要原因，摆脱贫困的途径在于加大投资力度和增加储蓄，促进资本的形成。与之相似，纳尔逊的“低水平均衡陷阱”理论探讨了另一种循环机制，即在一个最低人均收入水平增长到与人口增长率相等的人均收入水平之间，存在一个“低水平均衡陷阱”，任何超过最低水平的人均国民收入的增长都将由人口增长所抵消。[②] 从纳克斯和纳尔逊对资本形成的讨论来看，临界推动成为反贫困政策的重要内容，需要外力促使经济从低水平转向

① 安春英：《携手消除贫困　共建人类命运共同体》，《前线》2020 年第 12 期。
② 周浩然、赵曦：《世界反贫困战略研究》，《世界经济与政治》1994 年第 12 期。

高水平的均衡状态。英国经济学教授罗森斯坦-罗丹(Rosenstein-Rodan)在《东欧和东南欧国家的工业化问题》一文中提出了“大推进”理论,系统论述了平衡增长的反贫困理论模型。他和纳克斯都认为,从事经济生产的各部门是相互联系、依存和影响的,仅对工业的某一部门而不对其他部门投资,就难以真正实现对单项工业的投资,更无法形成规模化的投资市场和经济利益。因此,应该对整个工业或者几个互为补充的国民产业部门同时进行大规模的投资,使它们都可以按相同或不同比例全面发展,进而形成“大推进的平衡增长”发展格局。在这一理念指导下,发展中国家或地区应该通过政府干预实施全面、大规模的投资计划,推动实现经济全面增长和工业化的目标,在贫困恶性循环的链条上打开一个缺口,进而摆脱贫困。

2. 推动不平衡增长的反贫困政策理念

尽管资本匮乏及其形成率低是导致不发达国家贫困问题的重要原因,但对大部分国家而言,在资源条件受限的前提下强力推行“大推进的平衡增长”战略,效果不一定理想,如伊朗的“大推进”计划最终就以失败告终。美国经济学家艾伯特·O. 赫希曼(Albert O. Hirschman)针对平衡增长理论的缺陷及其在实际运用中面临的困难与不足,在《经济发展战略》一书中提出了不平衡增长理论。这一理论认为,不同部门的资本贡献率存在差异,生产过程也存在自上而下和自下而上的动力,发展本质上是不平衡的连锁反应过程,发展中国家应该将有限的资本和资源集中投入部分主导产业,再利用这些主导产业前后向的“联系效应”,带动并扩大对其他产业的投资引导和发展,进而促进整个国家的经济增长,摆脱贫困状态。不平衡增长理论模型解释了经济增长过程中的非均衡格局,极大地影响了不发达国家和地区的反贫困政策实践。

基于经济发展不平衡规律，法国经济学家弗朗索瓦·佩鲁（Francois Perroux）在《略论"发展极"的概念》一文中进一步提出了发展极理论，丰富了不平衡增长理论模型的内容。他认为，不同部门、行业或地区的经济增长速度并不是平衡的，增长的势头通常集中在先导或有创新能力的部门或产业中，这些产业或部门在一些地区或城市集聚起来，能形成技术与资本高度集中、具有规模经济效应和辐射作用的经济活动中心，这些中心即为"发展极"。发展极理论的政策主张是，不发达国家和地区应该充分利用市场机制或计划经济，建立和重点投资发展极，让部分先导产业或城市发展起来，再通过"极化效应"吸引有关产业，并且利用专业合作、信息交流和要素流通等方式，对周边区域产生扩散效应，进而带动整个经济社会的发展。这些政策主张对第二次世界大战后不发达国家和地区的经济发展产生了重要影响，许多国家依据这些理论制定经济发展政策和反贫困战略规划、建立经济计划区域等。

3. *推动人力资本形成的反贫困政策理念*

美国经济学家舒尔茨（Schultz）首先提出"人力资本"的概念，突出了"人力"这一生产要素对摆脱贫困的重要性，很好地解释了无法用物质资本和劳动力增长说明的经济增长问题，并且由此形成了人力资本理论。舒尔茨认为，经济发展主要取决于人的素质，而不是自然资源的丰瘠或物质资本存量的多寡，人的能力如果没有与物质资本保持齐头并进，就会变成限制经济增长的因素，改善穷人福利的关键因素不是空间、能源和耕地，而是提高人口素质和知识水平。[①] 劳动者的素质，与知识、健康、经验和技能有关，需要通

---

① 西奥多·W. 舒尔茨：《论人力资本投资》，吴珠华等译，北京经济学院出版社，1990，第8、40页。

过长期的人力投资促成。在诸多人力投资形式中，舒尔茨尤其强调教育投资的生产性作用，认为人的素质的提升很大程度上是由教育促成的，大力发展教育对不发达国家经济的可持续发展具有重要意义。人力资本理论的提出，丰富了发展经济学的理论内涵，让人们从关注物质资本到重视人力资本的作用，对世界各国尤其是发展中国家的反贫困政策实践产生了实质而深远的影响。各国开始对反贫困战略做出相应调整，将更多的资金用于教育、基础卫生保健等人力资本项目的投资。①

4. 推动制度改革的反贫困政策理念

缪尔达尔采用制度、系统和动态的方法研究经济发展，提出了“循环积累因果关系”理论，并且在此基础上总结了基于政治、经济、社会等多维度的反贫困政策结论和建议。他得出的结论是，发展需要更多的、在许多方面更为彻底的努力：不发达国家更快、更为有效的大规模改革和发达国家更多的关系与更实质性的奉献。② 发展中国家要想摆脱低收入与贫困的循环积累困境，除了需要发达国家的支持，更重要的是推动与其自身发展相关的改革政策的实施。缪尔达尔认为，发达与不发达国家之间存在结构和制度上的差异，这种差异并不能通过“市场—价格”机制的力量自然抵消，需要考虑结构与制度性因素的影响。在他看来，激进的制度改革是不发达国家发展和摆脱贫困的关键。对此，他在《世界贫困的挑战》和《亚洲的戏剧》两本书中，提到了不发达国家需要进行的土地、教育、权力关系三个方面的改革，以及必须关注农业、教育、不平等、“软政权”等改革内容。除了提倡实行大规模

① 张晓、叶普万：《世界反贫困战略的变迁及其启示》，《生产力研究》2006 年第 6 期。

② 冈纳·缪尔达尔：《世界贫困的挑战：世界反贫困大纲》，顾朝阳等译，北京经济学院出版社，1991，第 38 页。

的改革外，缪尔达尔认为，在不发达国家反贫困的过程中，发达国家也应该承担责任，通过传输平等的观念、提供资金和技术等方式，给予贫困国家支持和援助，使其得到发展，摆脱贫困。不同于其他经济学家的观点，缪尔达尔从经济、社会、政治等方面综合探讨了反贫困问题，并且重点突出了制度的作用，为世界反贫困政策的实践提供了新的理论视野，对世界各国尤其是东南亚发展中国家的贫困治理具有深远影响。

三、世界反贫困的成就

贫困问题具有国际性，意味着不仅发展中国家面临着贫困的严峻挑战，而且发达国家同样需要解决贫困带来的种种问题。多年来，为有效解决贫困带来的问题，发达国家与发展中国家做出了不同程度的努力，为全球的减贫事业提供了宝贵经验。

（一）发达国家的反贫困图景

反贫困是一项复杂的系统工程，需要全方位、多层次、立体化的实践策略予以解决。在工业化进程中，西方发达国家根据自身的国情，采取了一系列具有针对性的减贫措施，不仅提高了人民的生活水平，而且也为世界反贫困提供了重要的经验和启示。本部分以美国、英国等发达国家为例，阐述它们在反贫困过程中采取的相关措施。

1. 健全的社会福利制度

社会福利是社会保障的重要内容之一，其目的在于提高广大人民的生活质量和幸福指数。为有效解决贫困人口在养老、医疗、就业、生育、教育和住房等方面的问题,发达国家不断完善社会福利制度,以科学、有效地满足贫困人口的基本需求,帮助贫困人口摆脱贫困。如英国早在 1601 年就颁布了《伊丽莎白济贫法》,以立法的形式为贫困群众提供帮助与救济;1948 年,又颁布了《国民救济法》,正式废除济贫制度,在不断发展中逐步建成了“从摇篮到坟墓”的较完善的社会福利制度体系。① 美国在 1935 年颁布了《社会保障法》,以制度的形式为贫困人口提供针对性的保障措施;20 世纪 80 年代后,美国逐渐形成了政府公共福利方案,该方案主要包括对有小孩的家庭提供援助(AFDC)、额外保障收入(SSI)、医疗补助方案(Medicaid)和食品(券)补贴(Food stamps)等四个项目,为贫困人口提供了充足的社会福利保障。②

2. 针对性的反贫困计划

20 世纪 60 年代,美国总统林登·约翰逊(Lyndon Johnson)提出了“向贫困宣战”计划。该计划由十个具体计划组成,主要包括两大类:一类是授权计划,即健康、教育、福利机构执行的就业计划,劳动部门执行的邻近地区青年人集团计划,各大学执行的勤工俭学计划,农业农村部执行的乡村贷款计划;另一类是直接计划,即贫困挑战中心计划、共同行动计划、农业季节工作计划、职业团体计划和地区发展计划,③该计划有效改善了边缘弱势群体的生活状况。

3. 策略性的贫困区域发展

受地理条件、资源分布等方面的影响,发达国家不同区域之间发展不平衡,甚至部分地区分化较为明显。因此,在反贫困的过程中,发达国家采取

①② 王志章、黄明珠:《英国反贫困的实践路径及经验启示》,《广西社会科学》2017 年第 9 期。

③ 王俊文:《国外反贫困经验对我国反贫困的当代启示——以西方发达国家美国为例》,《社会科学家》2008 年第 3 期。

了一系列措施助力贫困区域的经济发展，以减少贫困地区与发达地区的差距。20 世纪以来，英国为帮助贫困人口摆脱贫困，持续地实施区域开发策略，在 20 世纪 30 年代对四个高失业率地区进行开发，以“工作带给工作”的原则解决区域发展不均衡的问题。20 世纪 80 年代后，英国又实施了“选择性地区援助”，对迁入落后地区的企业提供财政支持，实行特别补贴，鼓励劳动密集型企业、中小企业和新企业的发展，[①]种种措施为推动贫困地区的发展起了积极的作用。美国从 20 世纪 30 年代开始，实施了一系列针对贫困落后地区的区域援助发展计划，如 1933 年成立的“田纳西河流域管理委员会”(TVA)使该地区的经济发展得到了一定的改善，后因保守主义经济思潮的影响而被中止。[②] 此后，美国又接连采取了不同的区域援助措施，同样对贫困地区的发展起了重要的推动作用。

4. 系统的教育和职业培训

为贫困人口提供教育、为贫困人口的子女提供教育扶持，是帮助贫困人口树立正确价值观、脱贫观的关键举措之一。为贫困人口提供就业培训是促使贫困人口摆脱贫困的重要方式，具有可持续发展的特点。因此，为激发贫困人口的内生动力，实现脱真贫、真脱贫，发达国家逐渐加大了对贫困人口教育和职业培训的投入。在加大教育投入方面，美国建立了覆盖学前教育到高等教育的完整教育扶贫体系，颁布了相关法案，以推动贫困地区教育的发展。[③] 英国设立了 66 个“教育行动区”，为贫困人口提供平等的受教育

① 项秀：《国外反贫困经验及其对我国的启示》，《学理论》2011 年第 14 期。
② 左晓斯：《发达国家乡村贫困与反贫困战略研究——以美国为例》，《福建论坛(人文社会科学版)》2019 年第 1 期。
③ 王哲：《美国的减贫政策体系及启示》，《宏观经济管理》2019 年第 12 期。

机会,提高了贫困人口整体受教育程度。① 在对贫困人口的职业培训投入方面,发达国家通过对贫困人口进行职业培训,切实提升了他们的就业能力,增加了他们的就业机会,为贫困人口摆脱贫困提供了强有力的支撑。

(二)发展中国家反贫困的努力

相较于发达国家,发展中国家的经济发展水平偏低、区域发展差异明显、社会经济结构不够合理。因此,发展中国家面临着贫困程度深、贫困范围广、贫困问题复杂等挑战。为有效解决贫困问题,发展中国家付出了不懈的努力,为世界反贫困做出了特有的贡献。本部分主要以巴西、印度两个发展中国家为例,分析发展中国家为反贫困所做的努力。

1. 加大政策倾斜,推动贫困地区的发展

受多方面的影响,发展中国家的贫困程度普遍较深,贫困区域分布普遍较集中。为此,发展中国家加大了对贫困地区的资源投入,通过制定相关政策(涵盖医疗、教育、就业等内容),帮助贫困人口摆脱贫困。20 世纪 60 年代,在“发展极”理论的指导下,巴西实施了“发展极”反贫困策略。该策略是指将贫困地区作为“发展极”或“增长点”,通过政策倾斜、物质资源投入等方式培养“发展极”或“增长点”,并且通过经济机制的传导、媒介力量引导区域经济发展。② 该策略的实施,对巴西贫困地区的经济发展起了重要的推动作用。印度政府为了改变贫困地区的现状,除了投资外,还出台了优惠政策,

① 王志章、黄明珠:《英国反贫困的实践路径及经验启示》,《广西社会科学》2017 年第 9 期。

② 王俊文:《国外反贫困经验对我国当代反贫困的若干启示——以发展中国家巴西为例》,《农业考古》2009 年第 3 期。

鼓励公共机构、私营机构和合伙人参与投资，以弥补政府投资的不足。

2. 实施特别计划，保障贫困人口的基本生活需要

发展中国家在反贫困的过程中，为有效保障贫困人口的基本生活需要，依据国家的实际情况制定并实施了一系列计划。如 20 世纪 60 年代中期，印度为解决过度人口增长造成的粮食供应不足问题，实施了"绿色革命"计划，即通过发展农业生产力，增加粮食供给解决部分贫困人口的吃饭问题，以保障部分贫困人口的基本生活需要。[①] 20 世纪 90 年代中后期，为建立较为系统的反贫困体系，巴西联邦政府也实施了一系列反贫困计划，如最低收入保证计划、贫困地区家庭医疗救助计划、"零饥饿"计划、保障性住房计划等。[②]

3. 开展职业培训，提升贫困人口的就业能力

职业培训是提升贫困人口就业能力，帮助其摆脱贫困的关键一环。为此，发展中国家十分重视为贫困人口提供职业技能培训。在加强农村青年就业技能培训方面，印度政府为其提供了多样化的职业培训项目，并且逐渐形成培训、实习和就业相结合的网络，对农村青年传授理论知识后，为他们提供实习与就业的机会，切实提升贫困人口的就业能力。[③] 在为贫困人口提供就业培训方面，巴西联邦政府采取了多种措施，如开展全国性的扫盲计划、制定和实施促进就业计划等。从 2003 年开始，巴西联邦政府为年轻人实施"初次就业计划"，其中包括为 16～24 岁的没有完成学业、没有找到工作的青年人进行免费职业培训，并且为渴望创业的年轻人提供低息贷款。[④]

① 宋志辉：《印度农村反贫困的经验、教训与启示》，《南亚研究季刊》2009 年第 1 期。
②④ 闫坤、孟艳：《反贫困实践的国际比较及启示》，《国外社会科学》2016 年第 4 期。
③ 温俊萍：《印度农村就业保障政策及对中国的启示》，《南亚研究季刊》2012 年第 2 期。

4. 推行土地改革,增加收入来源

土地改革是改变农村经济生产方式的重要推动力。它不仅会增加农民的收入,而且还可以提高农民的积极性,是农民维持基本生活需要的重要保障。在英国殖民时期,印度的土地集中在少部分地主手中,农民没有土地保障,缺少基本的生活来源,地区贫困问题尤其突出。印度独立之后,印度政府实行了土地改革,经过改革,印度共废除了“中间人”250 万人,政府接管土地 1.6 亿英亩,①全国大约有 300 万佃户和分成农获得 620 万英亩耕地的所有权,此举在一定程度上保障了农民的基本收入来源,减缓了贫困危机。②为解决土地集中引发的农民和小农日趋贫困化的问题,巴西联邦政府于 1964 年颁布了《土地法》,通过用从大庄园主手中收购的土地和公共土地安置了 55 万无地农户,其中 60%是 1995 年以后安置的。③

(三)不平衡的世界

随着经济全球化、世界经济一体化趋势的不断增强,各国之间的联系逐渐密切,彼此的依赖程度进一步加深。但全球化趋势并没有使世界经济水平得到明显提高,全球范围内的贫困问题仍然较为突出,发达国家与发展中国家的贫富差距仍然较为明显。由于发达国家与发展中国家在经济水平、资源发展、市场发育等方面有较大的差距,因此发达国家与发展中国家的反贫困实践存在一定的区别。发达国家经过多年的探索与实践,显然已建立了较为成熟的社会保障制度,人们的物质文化生活水平相对较高,地区贫困

---

① 1 英亩≈4 046.86 平方米,下同。

② 闫坤、刘轶芳:《中国特色的反贫困理论与实践研究》,中国社会科学出版社,2016,第 96 页。

③ 彭刚:《根除深度贫困的国际经验》,《人民论坛》2018 年第 21 期。

主要表现为相对贫困。发展中国家由于经济基础过于薄弱，缺乏完善的社会福利制度与相关政策，部分地区基本生活需要难以得到保障，地区贫困表现为绝对贫困与相对贫困共存。

世界经济发展的不平衡给各国经济的增长带来了挑战与风险，具有一定的破坏性。为应对全球化带来的经济发展不平衡问题，发展中国家需要加大要素投入力度（如物质资本和人力资本投入等），以减少与发达国家的经济发展差距。发达国家需要不断提高技术水平，通过技术领先实现本国经济和全球经济的增长。[①] 综合而言，世界各国需要相互合作、公平竞争，共同维护社会的和谐与稳定，减少世界不平衡带来的不确定性，为推动全球减贫事业贡献智慧与方案。

四、世界反贫困的挑战

经过多年的反贫困实践，世界贫困人口数量骤减，贫困发生率明显下降，贫困人口的生活质量进一步改善。然而，虽然全球反贫困已经取得了明显成效，但是全球减贫事业仍面临着绝对贫困的威胁、贫困差距的扩大等挑战，需要世界各国共同应对、共同解决。

（一）绝对贫困的威胁

绝对贫困也叫生存贫困，是指个人和家庭依靠合法收入无法维持其衣、食、住等生活基本需要最低条件的贫困状态，面临的往往是“食不果腹，衣不

① 郑光凤、柳剑平、程时雄：《世界经济不平衡的主要成因：技术不平衡还是要素投入差异》，《理论月刊》2018 年第 11 期。

遮体，住不避风寒”的状况。① 绝对贫困是贫困的极度状态，其的存在不仅会给贫困个体和家庭带来一系列问题，同时也会带来众多社会问题。

首先，从贫困个体的生命健康层面来说，一般情况下，财富越少的贫困人口，抵抗社会风险的能力越低。当处于社会底层的贫困人口面临生态自然环境方面的冲击如自然灾害时，由于缺乏抵抗风险的知识与能力，他们的生命健康更容易受影响甚至可能面临失去生命的风险。如非洲撒哈拉沙漠以南地区是全球疟疾的高发区，这种疾病每年约夺走 300 万人的生命，其中 90％的人生活在非洲。② 其次，从贫困个体的心理层面来说，拥有较多财富的人凭借其充分的资源可以创造财富，导致社会的贫富差距越来越大。在这种情况下，缺乏资金、资源的深度贫困人口往往会产生相对剥夺感，从而形成否定性的自我评价，最终产生心理上的挫败感。

从社会角度来说，绝对贫困的存在是激发诸多社会矛盾、引起社会动荡的重要因素，对社会系统的正常运转具有极大的破坏性和颠覆性。③ 社会财富分配的不公，社会秩序的不平等、不公正进一步威胁到部分绝对贫困人口的心理健康状况，造成他们的价值观扭曲，甚至出现犯罪、冲突等行为，严重影响社会的和谐与稳定。此外，绝对贫困使得区域经济发展不平衡问题更为突出。当下，发达国家已基本消除绝对贫困，贫困群体主要以相对贫困的情形出现。发达国家较高的经济水平、较完善的社会福利制度、较丰富的资源支持使得相对贫困的群体有了一定的生活保障。然而发展中国家尤其是

① 郑子青、郑功成：《消除贫困：中国奇迹与中国经验》，《中共中央党校(国家行政学院)学报》2021 年第 25 期。

② 谭诗斌：《现代贫困学导论》，湖北人民出版社，2012，第 217 页。

③ 韩跃民：《全球生态贫困治理与“中国方案”》，《社会科学战线》2019 年第 11 期。

撒哈拉以南的非洲、中东和北非地区的经济发展缓慢，贫困人口数量不减反增，贫困人口分别从 1990 年的 2.8 亿人和 0.15 亿人增加至 2018 年的 4.33 亿人和 0.28 亿人，全球贫困人口日趋集中①，减贫难度也进一步加大。总之，区域经济发展不平衡为全球的减贫事业带来了较大的挑战。

（二）贫困差距的扩大

受全球化的影响，世界经济发展水平有了明显的提升，与此同时也带来了不同国家和地区之间贫困差距扩大的影响。贫困差距扩大所造成的问题越来越受到社会的重视，主要表现在贫富差距加大、社会经济发展受阻、阶级对立加剧等方面。

其一，在贫富差距加大方面。当下，全球财富两极分化加剧，贫富差距加大，世界上绝大多数的财富掌握在少数人手中。根据 2019 年 10 月瑞士瑞信银行(Credit Suisse)研究院的研究数据，当前全球 45%的财富被全球最富有的 1%的人口所掌握，全球最富有的 10%的人口占有全球财富的 82%，而全球最不富裕的 50%的人口占有的财富不足全球总量的 1%。②贫富差距的扩大不仅体现在发达国家与发展中国家之间的两极分化，而且还体现在国家内部不同人群之间，以美国为例，自 20 世纪 80 年代开始，美国高收入家庭的占比持续增加，低收入、中低收入、中等收入和中高收入家庭的占比均呈下降趋势。换而言之，美国的贫富差距使财富拥有最多者更加富裕，财富拥有最少者更加贫穷，与此同时，中产阶级家庭的家庭收入也相较以前更低。这意味着贫困差距的扩大在某种程度上会使贫困人口的数

① 张琦：《全球减贫历史、现状及其挑战》，《人民论坛》2021 年第 11 期。
② 徐秀军：《全球财富鸿沟的演进与弥合》，《人民论坛》2021 年第 8 期。

量进一步增加，整个社会逐渐呈现类似“哑铃型”的社会结构形态（如表1－1所示）。

表1－1　五等分美国家庭收入比重[1]

年份	低收入家庭	中低收入家庭	中等收入家庭	中高收入家庭	高收入家庭
1979	6.40%	12.00%	16.90%	23.40%	41.20%
1991	5.50%	11.00%	16.30%	23.30%	43.90%
2000	5.40%	10.60%	15.60%	22.30%	46.00%
2010	5.10%	10.50%	15.70%	22.90%	45.80%
2016	5.00%	10.20%	15.30%	22.50%	46.90%

数据来源：世界银行数据库（https://data.worldbank.org/）。

其二，在社会经济发展受阻方面。众所周知，拉动经济增长的“三驾马车”主要表现在投资、消费和出口三个方面。从投资的角度来说（以教育为例），低收入的群体缺乏足够的费用投资在教育层面，而低收入群体投资行为的缺乏在某种程度上阻碍了社会经济的增长，与此同时缺乏系统的教育也会进一步加剧低收入群体的贫困，从而导致低收入群体陷入无限的贫困循环中。从消费的角度来说，贫困差距的拉大使得低收入群体只能用微薄的收入维持基本的生活需要，而缺乏维持基本生活需要以外物品的财富资本，消费行为减少进一步阻碍了社会经济的增长。从出口的角度来说，低收入群体更注重解决底线性需求，而非发展性需求。注重解决底线性需求意味着低收入群体更注重自身的温饱问题，缺乏出口的资源或机遇，难以促进

① 裴祥宇：《金融化背景下美国贫富差距的扩大及其影响》，《福建师范大学学报（哲学社会科学版）》2020年第1期。

社会经济的增长。

其三,在阶级对立加剧方面。贫富差距的扩大加剧了财富的不平衡,随着中产阶级的不断减少,高收入人群与低收入人群的界限越来越分明,阶级固化也越来越严重。以美国为例,美国贫富差距的扩大造成了阶层固化,滋生了民粹主义情绪,在富者愈富、贫者愈贫的情况下,富人阶层与中下层阶级在教育、医疗、住房甚至婚姻等方面相互疏离,这一状况历经代际差异得到巩固,阶层流动性大大降低①。高等收入群体拥有更多的财富,并且有机会通过自身较多的资源去创造更多的财富,而低收入群体缺乏创造财富的资本与需求表达的渠道,逐步陷入更大的困境之中。收入分配差距的加大,资源握持量差距的加大,进一步激发了贫困群体与富人之间的阶层矛盾,部分贫困群体会由此产生对抗性社会心理,甚至做出过激行为,严重影响社会的和谐与稳定。

(三)国情、制度、政策与实践

贫困是全世界面临的共同挑战,它威胁着社会的和谐与稳定,不利于社会的长久健康发展。因此,消除贫困始终是全人类的共同任务,每个国家都必须采取相关措施应对贫困及解决贫困带来的一系列问题。多年来,不论是发达国家,还是发展中国家均为全球减贫事业做出了巨大努力。通过对比发达国家与发展中国家的反贫困实践,我们可以看到,由于国情不同,因而各个国家采取的反贫困措施、制定的相关政策与制度具有明显的区别。发达国家整体经济水平较高,贫困人口主要处于相对贫困阶段,贫困人口数

① 徐秀军:《全球财富鸿沟的演进与弥合》,《人民论坛》2021 年第 8 期。

量较少,因此在反贫困实践中通常制定一些社会福利政策为贫困群体提供社会保障。而发展中国家受经济水平和贫困人口数量的限制,通常采取人类基本需求反贫困发展战略和“发展极”开发战略。[①] 事实上,不仅仅是发达国家与发展中国家发展水平具有差异性,各个国家之间的经济状况、贫困结构等同样具有区别。因此,在世界反贫困的过程中,各个国家需要立足本国的国情,在借鉴其他国家反贫困实践的同时,依据自身的实际情况制定阶段性的制度或政策,从而为世界反贫困事业的发展贡献智慧与力量。

① 王俊文:《国外反贫困经验对我国当代反贫困的若干启示——以发展中国家巴西为例》,《农业考古》2009 年第 3 期。

第二章

中国反贫困的背景与意义

中国的贫困问题错综复杂,致贫因素包含自然、社会、经济等内容,贫困人口多、贫困程度深,反贫困行动面临诸多挑战。在中国共产党的带领下,中国反贫困取得巨大成就,对中国乃至世界反贫困做出了重要贡献。

一、中国反贫困的历史背景

中华人民共和国成立之初,受长期战乱的影响,经济上一穷二白,社会结构千疮百孔,当时的中国人民普遍处于贫困状态。如何让人民群众吃得起饭、穿得起衣是该时期亟待解决的难题。中国通过工业化和合作化,推动经济社会的发展来缓解整体贫困。受政治局势、经济基础等诸多因素的限制,当时中国采取的反贫困措施多是短期的救济与救急手段,这些措施在一定程度上缓解了局部贫困和部分经济问题,但是并没有大面积、深层次地解决中国社会的贫困问题。1978 年,我国召开中国共产党第十一届中央委员会第三次全体会议(以下简称"党的十一届三中全会")。此次会议彻底否定了“以阶级斗争为纲”，做出把党和国家的工作重心转移到社会主义现代化建设上来的决定。改革开放的新决策启动了农村改革的新进程。中国共产党和中国政府不断推进农村扶贫开发工作，开启了波澜壮阔的反贫困行动。

（一）中国反贫困的经济背景

中华人民共和国成立之初，2.5亿农村人口处于绝对贫困的状态。农村常年受战乱影响，耕地荒废，劳动力流离失所，致使农村人口无法解决基本的温饱问题。改革开放之前的农业、农村、农民在人民公社体制的束缚下缺乏发展的积极性，计划经济和城乡二元分割体制使得资源向城市倾斜，农村生产力发展缓慢，劳动效率低下。因此，改革开放之前，中国长期处于整体性贫困的状态中。1978年，党的十一届三中全会的召开，标志着中国从“以阶级斗争为纲”向以经济建设为中心的转变。随着经济体制改革的不断深入，我国逐渐融入经济全球化的浪潮之中，国民经济取得了较快发展，为有效改善人民生活提供了物质支持。党的十一届三中全会开启了以农村为先的对内改革策略，激发了农村的内生动力，调动了农民投身农业生产的积极性，使得农业生产焕发了新的生机。尤其是家庭联产承包责任制的实施，调动了农民的积极性，极大地提高了农业劳动生产率，促进了农业的发展。1980年，国家财政设立了与扶贫直接相关的“支援经济不发达地区发展资金”，用来支持“老、少、边、穷”地区的经济发展。① 进入21世纪，中国的经济发展取得了世界瞩目的成就，2001年到2016年，中国的国民总收入和国内生产总值平均增长速度为9.5%，人均国内生产总值平均增长速度为8.9%，

---

① 朱小玲、陈俊：《建国以来我国农村扶贫开发的历史回顾与现实启示》，《生产力研究》2012年第5期。

一般公共预算收入增长速度为 16.7%。[1] 经济的稳步发展为反贫困事业的发展提供了较为坚实的物质基础。一直以来,中国反贫困工作从未间断,尤其是改革开放后,人力、物力等方面的支持力度不断加大,反贫困工作取得了显著的成效。

(二) 中国反贫困的社会背景

中华人民共和国成立之初,长期的社会动荡使得社会结构失序,加之农村生态环境脆弱、区域差异性大、自然灾害频发,农村人口抵御自然、社会风险的能力不足,因而他们大多数长期处于绝对贫困状态。从社会背景来看,国家百废待兴,灾荒、失业及其他社会问题叠加,使得社会不稳定,人民生计出现困难,呈现贫困人口多、贫困发生率高、贫困程度深、贫困人口集中等特点。1949—1958 年,中国推动农村土地改革,推进农业产业合作化运动,在一定程度上缓解了农村的贫困现状,创造了一定的农业产业价值。1958—1978 年,由于具有强制性的人民公社、生产队体制的变迁,农村再度出现了广泛的贫困问题。一方面,合作化运动的强制性导致农民失去自我保护的能力;另一方面,由平均分配机制带来的一系列“搭便车”行为使得资产分配丧失了原初的目标。农村广泛的贫困再次成为阻碍经济、社会发展的重大问题。

进入新时代,中共中央总书记习近平关于反贫困行动有诸多论述,如:必须时不我待地抓好扶贫开发工作,决不能让贫困地区群众掉队;扶贫开发是我们第一个百年奋斗目标的重点工作,是最艰巨的任务;“革命老区、民族

---

① 资料来源:根据《中国统计年鉴 2017》公布的数据进行整理。

地区、边疆地区、贫困地区”在三农工作中要把扶贫开发作为重中之重。中国农村的反贫困事业能否取得良好的成效,关系到能否实现共同富裕这一社会主义现代化国家建设目标。

（三）中国反贫困的政治背景

中国共产党第二次全国代表大会上通过了党的最高纲领和最低纲领,摆脱贫困实际上成为党的最基本的使命之一。中华人民共和国成立后,中国共产党和中国政府为发展生产力、提高人民生活水平,出台了一系列政策法规以推动反贫困事业的发展。1955 年,中央开始实施第一个五年计划,集中力量进行工业化建设,在工业方面加快技术改造,在农业发展方面推广现代化的生产技术,促进了经济的发展,中国的贫困状况得到了一定程度的缓解。1966—1970 年,中央实施第三个五年计划,经济发展的指导思想从“解决吃穿用”转变为“以备战为中心”,工业、农业发展格局发生变化,经济建设受到冲击,人民生计出现困难。“文化大革命”造成生产、生活秩序的混乱,工业生产停滞,人民生活水平下降,社会结构失衡,各类社会矛盾突出,国民经济濒于崩溃的边缘。党的十一届三中全会进行了拨乱反正、正本清源的工作。此会议指出,我国社会的主要矛盾是人民日益增长的物质文化需要同落后的社会生产之间的矛盾。中国共产党和政府的主要责任是发展经济、发展生产力,提高人民的生活水平。

改革开放以来,我国东西部地区差距不断拉大,这种发展趋势对全国范围内的资源优化配置和生产力合理布局十分不利,进而影响小康社会的全面实现和可持续发展,这也要求党中央把扶贫开发同实现小康社会发展的目标结合起来。进入 21 世纪,中国的贫困问题更加多样,致贫原因也纷繁复杂,多元化的经济、政治因素和社会背景对反贫困行动提出了新的挑战。为实现第一个百年奋斗目标——在2020年全面建成小康社会后,反贫困工作进入了新的发展时期。党的十八大以来,中共中央总书记习近平把反贫困工作提升到新的战略高度,强调要广泛动员全党、全国、全社会力量参与反贫困行动,形成政府、市场、社会“三位一体”的大扶贫格局,注重激发反贫困主体的积极性,建立健全多元主体的扶贫体系。随着绝对贫困问题的解决,中国共产党第十九届中央委员会第四次全体会议(以下简称“党的十九届四中全会”)提出,巩固脱贫攻坚成果并建立解决相对贫困的长效机制。中国共产党第十九届中央委员会第五次全体会议(以下简称“党的十九届五中全会”)明确要求,实现巩固拓展脱贫攻坚成果同乡村振兴有效衔接,建立完善农村低收入人口和欠发达地区帮扶机制。我国脱贫攻坚力度之大、规模之广、影响之深,前所未有,显著改善了贫困地区和贫困人口的生产生活面貌。

二、中国贫困的现实状况

贫困问题一直是中国经济社会发展中的短板。党的十八大以来,中国把脱贫攻坚摆在治国理政的重要位置并上升为国家总体发展战略。那么,在脱贫攻坚之初,中国亟待解决的贫困问题有何表现、成因有哪些呢?

(一)中国贫困问题的表现

中国的贫困问题既源于历史遗留问题,又源于发展过程中的不公平、不均衡问题;既有制度性贫困,又有区域性贫困和阶层性贫困。随着中国经济的发展和反贫困工作的不断深入,中国贫困问题也在不断演变,呈现新的特点和发展态势。

1. **中国贫困的特点**

(1) 贫困人口数量多

中国是世界上最大的发展中国家,人口众多,贫困人口在全球总人口中所占比例较高。从城乡分布看,中国城市的贫困人口所占比例相对较小,贫困人口主要集中在农村地区。改革开放之初,中国农村贫困人口达7亿多,贫困发生率较高。2015年年底,我国现行国家扶贫标准下还有农村贫困人口5 575万,尽管贫困发生率已经大幅降低,但脱贫任务依然艰巨。随着反贫困工作的持续推进,遗留下来的贫困人口多为"贫中之贫",贫困程度更深、减贫成本更高、脱贫难度更大。从区域分布看,中国大规模的贫困人口主要分布在西部地区、中部地区。21世纪的西部大开发战略为减少西部地区贫困人口提供了契机,但是由于西部地区贫困程度深、贫困面积大、贫困类型多样化等原因,中国经济社会整体发展面临挑战,贫困治理之路存在诸多困境。

(2) 贫困人口分布集中

中国农村的贫困人口分布集中且不均衡,部分地区的贫困程度相对较深。除中国的中西部地区外,连片特困地区也是中国农村贫困人口较为集中的区域,其贫困人口占全国贫困人口的比重一直较高。连片特困地区具有明显的区域边缘性特征,如生态环境脆弱、社会形态特殊、公共服务欠缺、地方病严重困扰等,扶贫难度大、成本高。一方面,连片特困地区生态自然环境、地理位置、民族文化、经济区位不同于发达地区,面临着反贫困发展基础弱、反贫困条件不足、反贫困任务各异的困难,为反贫困主体开展因地制宜、分类施策等工作带来巨大挑战;另一方面,连片特困地区呈现民族性指向较强、边缘化程度较深、封闭性循环等特点，同时与生态脆弱地区、资源贫乏地区、民族地区、边境地区、革命老区高度叠加，反贫困行动较为复杂，反贫困对策较难一以贯之地推行。

中国的集中连片特困地区呈现“大分散、小集中”的状态。这些地区的贫困成因复杂，反贫困任务更为艰巨，加上连片特困地区贫困人口社会活动空间狭窄，常年处于封闭的环境中，逐渐形成特有的贫困文化，呈现固守传统、不思脱贫等特点。这种结构性自我封闭状态，导致外部资源在输入的过程中难以找到合理途径，进而阻碍了反贫困工作的深入推进和落实。

(3) 多维贫困问题显现

进入 21 世纪，随着社会经济的发展，中国贫困人口温饱问题基本解决，绝对贫困人口数量大幅减少，相对贫困人口数量逐渐上升，人们因学、因病、因灾致贫等问题逐渐显现。贫困的多维性日渐成为中国贫困问题长期难以消除的根源。贫困人口的多维贫困尤其是健康、营养和教育方面的贫困问题突出，但现行条件下扶贫政策保障水平低、覆盖面有限，教育、医疗、住房等公共服务的城乡和区域差距明显。

此外，还需要强调的是生态贫困问题。西部山区及生活在这里的群众大多处于生态贫困之中。这些地区的生态环境恶劣，公共基础设施落后，生产、生活用水严重缺乏，导致生活在这些地区的群众缺少生产、生活和发展的资源。例如，赖以生存的土地资源匮乏，耕地灌溉系统不发达，导致他们难以生产足够的生活必需品，常常陷入生存困境；存在饮水安全隐患，他们更容易出现身体疾病。诸如此类的生态问题和由生态脆弱带来的其他问题，是这些地区和人口一直处于贫困境遇中的重要原因。这种贫困属于生态贫困，呈现复杂性、差异性、难恢复性和危害性等特征，会加重生态环境的脆弱,而且其造成的破坏较难修复。

(4) 返贫问题突出

贫困原因多样且复杂,中国的反贫困工作面临脱贫难持续、返贫压力大等问题。一是自然灾害等不确定、不可控因素引发的贫困问题,导致中国生态脆弱地区返贫现象较多,给贫困地区经济社会的可持续发展带来挑战。二是贫困地区大部分青壮年劳动力的转移,本地留下来的多数为老人、儿童、妇女,贫困村"空心化"现象严重,内生动力不足,贫困地区无法从根本上摆脱贫困,存在返贫风险。内生动力不足导致的返贫问题,致使多年扶贫成果无法有效巩固,更不能在反贫困过程中形成经验性的反贫困与发展路径。三是返贫问题势必会产生新的贫困状态,从而产生新的致贫因素,使贫困人口的脱贫积极性受到打击,不利于形成多主体的反贫困行动格局。四是资源分配不均衡或资源调配力度不到位等,使农村贫困地区社会保障措施不健全,贫困群体在市场、自然、社会、疾病等诸多风险因素的综合作用下极具贫困脆弱性。五是受历史和思想观念的影响,贫困人口文化水平有限,参与反贫困工作的积极性、主动性不够,部分贫困人口"等、靠、要"思想严重,阻碍了反贫困工作的进程。

2. 中国贫困的类型

(1) 制度性贫困、区域性贫困和阶层性贫困

从致贫原因来看,贫困可分为制度性贫困、区域性贫困和阶层性贫困。制度性贫困指的是人们所需的生活资源的分配由社会制度决定,而在分配的过程中,地区、区域、群体或者个体间产生了不平等分配,导致特定的地区、区域、群体或者个体处于贫困状态。区域性贫困产生的主因并非制度安排,而是因为不同区域间自然条件、社会条件的差异导致资源供给不足,

进而产生贫困问题。阶层性贫困是指群体或个体间的差异导致人们在相同制度环境中会呈现不同的生存状态，一些身体素质较差、文化程度不高、劳动力不足、生产资料缺失的群体或个人就会处于贫困状态（如表 2－1所示）。

表 2－1　制度性贫困、区域性贫困和阶层性贫困的成因与特征①

贫困类型	贫困的成因	贫困的特征
制度性贫困	制度的刚性作用导致部分群体被排斥在体制之外而导致的贫困	① 政府是政策制定的主体； ② 具体的制度包括分配制度、就业制度、财政转移支付制度、社区服务和分配制度、社会保障制度等； ③ 政策、制度的作用范围为整个社会或某个群体；政策在资源分配中起决定性作用； ④ 政策范围外的区域群体或个人享有的生活资源低于社会生活需要的平均水平； ⑤ 从宏观层面体现致贫原因；致贫的外生性和刚性特征； ⑥ 制度的变更是贫困人口脱贫的关键
区域性贫困	① 贫困是由于区域间先赋的自然条件差异造成的，如自然资源在地区间分布不均； ② 在自然资源和地理差异基础上形成的社会发展水平的不同而造成的相对贫困	① 贫困人口相对集中在某个区域内，区域内贫困人口的同质性相对较强； ② 从宏观层面体现致贫原因、致贫的内生性； ③ 体现了贫困的长期性； ④ 经过努力可以脱贫
阶层性贫困	个人内在因素在阶层内相对较差而致贫	① 在某个群体或区域内由个人因素而导致的贫困，更多体现的是致贫因素的异质性； ② 从微观层面体现致贫原因； ③ 个人综合因素的提升是脱贫的关键

① 黄承伟、向德平：《反贫困与发展》，社会科学文献出版社，2016，第 69 页。

(2) 资源约束型贫困和能力约束型贫困

资源约束型贫困表现为宏观上的区域性贫困，能力约束型贫困则表现为个体贫困(如表 2－2 所示)。①

表 2－2　资源约束型贫困与能力约束型贫困的特点和原因

贫困类型	分　类	原　因	特　征
资源约束型贫困	资源约束型贫困分为边际土地型贫困和资源结构不合理型贫困	边际土地型贫困是由私人对土地的投入形成的收益难以弥补所投入的支出导致的。资源结构不合理型贫困是由资金缺乏或交通、通信、能源等基础设施落后导致的	资源型贫困更多的是从宏观层面来体现资源在区域上的分布不均；先赋条件的劣势、历史机遇的区域差异
能力约束型贫困	丧失劳动能力导致的贫困和缺乏专业技能引起的贫困	由意外事故、突发性事故、先天遗传等因素导致个体丧失劳动能力；个人受教育程度低、综合素质低、观念的落后等个人内在因素而导致的	能力型贫困更多体现的是微观层面的个体间的素质差异和机会的不均等

资源约束型贫困和能力约束型贫困是分别属于宏观、微观两个层面的贫困类型。这两种贫困类型可能同时存在，并没有绝对的分界线，在某一地区或某一时间，不会只存在一种贫困类型。

(3) 短期贫困和长期贫困

从持续时间来看，贫困可分为短期贫困和长期贫困。短期贫困是指处于贫困状况的部分群体收入低于贫困线，但他们有储蓄或能够借到钱，因此消费水平高于贫困线。此种贫困是由自然灾害、疾病或其他突发性事件造成的。贫困持续时间一般为几个月(通常低于一年)。长期贫困是指处于贫困状况的家庭或个体，无论是收入还是消费都低于贫困线，他们没有储蓄，

① 吴国宝：《对中国扶贫战略的简评》，《中国农村经济》1996 年第 8 期。

也无法借钱来维持高于贫困线的消费水平。其特征是这种贫困状态已经存在了很长时间或经过长时间的努力仍不能脱贫，持续时间至少是五年，虽经扶贫却难以脱贫。

(4) 物质贫困和精神贫困

从缺乏的资源及其相关因素来看，贫困可分为物质贫困和精神贫困。物质贫困是基于人最基本的生存等物质方面的短缺而导致的贫困。精神贫困是基于人最基本的思想道德、文化水平、价值观念等方面的匮乏或滞后所造成的贫困。从特定的社会群体或个体意义上说，物质贫困也可以理解为一种生产性贫困，精神贫困是特定群体或个体行为倾向性的表现，具有动态属性和社会属性，可以理解为是一种社会性贫困。①

3. 中国反贫困行动面临的挑战

中华人民共和国成立后，党和政府一直致力于反贫困工作，特别是党的十八大以来，在以习近平同志为核心的党中央的领导下，中国实施了脱贫攻坚战，完成了消除绝对贫困的艰巨任务。但消除绝对贫困并不意味着彻底消除贫困，中国距离高质量、可持续的脱贫还有一定的距离。当前，中国农村持续脱离贫困存在较大压力，并且脱贫后处于不稳定状态下的群体越发集中在连片特困地区。随着贫困人口的减少和区域性贫困的整体缓解，一些制约反贫困效果均衡性、持续性的深层次问题逐步凸显。2020 年以后中国反贫困行动进入“后扶贫时代”，巩固拓展脱贫攻坚成果，进一步改善脱贫人口的生活条件，将成为“后扶贫时代”的艰巨任务。

(1) 贫困人口识别困难

目前，中国已经消除了绝对贫困，但相对贫困将长期存在，如何准确界

---

① 胡建华：《贫困治理与精准扶贫》，中南大学出版社，2020，第 13—14 页。

定和识别贫困人口成为新时期反贫困工作的起点和重点。由于相对贫困是多因素综合作用的结果,因此相对贫困标准的界定应该综合考虑多维度的指标。现有的贫困测度方法多采用西方的理论体系,如何建构一套科学通用的本土化贫困测度指标体系,是下一阶段中国反贫困理论和实践的难点。① 同时,在具体的贫困识别工作中,往往存在一些操作层面的问题。一方面,在基层反贫困工作中难以精准识别返贫人口;另一方面,在贫困人口识别过程中可能会忽视临界群体,容易造成"悬崖效应"。②

(2) 稳定脱贫压力大

中国已完成新时代脱贫攻坚的目标任务,消除了长期存在的绝对贫困和区域性整体贫困问题,但是原本庞大的贫困人口数量带来的脆弱性特征依然存在。一是经济增长的反贫困效应减弱。随着中国经济发展边际效益的递减,经济增长带来的反贫困效应显著减弱,即"涓流效应"的影响日渐式微,使得农村贫困地区的反贫困效果趋向复杂、不稳定。二是脱贫群体稳定增收压力较大。有的脱贫地区发展基础总体较弱,自身"造血"功能不强,部分脱贫群体就业不够稳定,并且由于全球疫情的持续影响,农业生产成本上升与国内经济下行压力叠加,脱贫群体能够拥有稳定收入的难度加大。三是西部地区反贫困工作难度较大。中国的贫困人口主要分布在西部地区。2020 年后,这些地区的脱贫不稳定因素依然存在且不容忽视,西部地区的贫困治理难度随之增加。

---

① 雷勋平、张静:《2020 后中国贫困的特征、治理困境与破解路径》,《现代经济探讨》2020 年第 8 期。

② 曾小溪、汪三贵:《论决胜脱贫攻坚中的难点和对策》,《河海大学学报(哲学社会科学版)》2019 年第 6 期。

(3) 可持续发展能力欠缺

巩固脱贫攻坚成果的关键在于脱贫地区和脱贫群体的可持续发展能力。就贫困地区来说,目前仍有部分地区的产业发展政策缺乏可持续性,部分扶贫产业技术水平低、同质化严重、效益低,发展前景不乐观。① 同时,在践行绿色发展理念的过程中,贫困地区面临着经济发展与生态环境保护之间的现实矛盾。② 就贫困群体而言,其反贫困参与度并不高。在反贫困工作中,地方政府在贫困户的确定、扶贫项目的决策、脱贫目标的制定等方面拥有话语权,相对而言,贫困人口参与其中的积极性和主动性不高。随着中国经济社会的发展,农村社会逐渐由熟人社会演变为半熟人社会,村庄里的社会网络间的关联日益松散,农民呈现"原子化"趋势,集体意识日渐淡薄。部分脱贫群体仅仅是在经济上实现了脱贫,思想上并未脱贫,他们的潜意识里可能还存在着把扶贫看作得到利益的机会、把脱贫看作扶贫干部的事情的思想。这些缺乏内生动力的群体,即使已经实现脱贫,一旦政府外部的反贫困投入减少,就可能面临较大的返贫风险。可以说,产业扶贫效果不佳、脱贫群体内生动力不足等使得脱贫地区和脱贫群体在巩固脱贫成果和实现可持续发展方面仍然任重道远。

(4) 反贫困效率较低

基层反贫困工作存在扶贫队伍建设不到位、考核监督体系不健全等问题,降低了反贫困工作的效率和质量。一是基层扶贫队伍建设不到位。部分地区基层工作人员的素质和业务能力较低,无法胜任反贫困工作;部分扶

---

① 白永秀、宁启:《脱贫攻坚提出的背景、实施及难点破解》,《西北大学学报(哲学社会科学版)》2020 年第 4 期。

② 王萍、杨敏:《新时代农村生态扶贫的现实困境及其应对策略》,《农村经济》2020 年第 4 期。

贫干部存在不作为、懒作为、乱作为等现象;部分驻村扶贫干部缺乏农村工作经验,具体工作落实和思路创新不周全;有关扶贫部门与其他行业扶贫、专项扶贫的协调与配合不够。二是考核监督体系不健全。一方面,对基层扶贫干部的考核、持续性管理、激励制度相对模糊;另一方面,仍缺乏完善的绩效管理体系,贫困人口的收入仍然是判断反贫困工作成效的决定性指标①。

(二)中国贫困问题的成因

中国贫困问题的成因有很多,主要表现在社会发展的阶段性特征、经济增长的影响与制约、区域发展的非均衡性表现等方面。

1. 社会发展的阶段性特征

中华人民共和国成立以来,从社会发展的视角来看,中国的贫困源于社会层面和政治层面。从社会层面来讲,1945—1985 年,中国农村地区交通、能源、通信等基础设施薄弱,人畜饮水、农田水利等农民生活与农业生产条件匮乏,使得农村地区积贫积弱。落后的生产力无法激发贫困人口的劳动积极性,无法创造更多的生产资料。当时,二元社会结构对农民流动有较强的约束性,将农村人口束缚在土地上,封闭的环境影响农村社会的发展,造成农民观念落后、自我发展意识不强。1986 年至今,二元社会结构产生变化,城乡之间的流动加快,中国农村青壮年劳动力向城市大量流动,农村劳动力锐减。阿瑟·刘易斯(Arthur Lewis)的"两部门"理论提到,农村贫困产生的一个根本原因是存在大量处于非充分就业状态或隐性失业状态的剩余

① 徐京平、邢兰若:《精准扶贫的现实困境与治理逻辑——基于互联网+视角》,《经济问题探索》2021 年第 2 期。

劳动力，从而导致农村劳动力边际生产力水平极低。[①] 大量的农村劳动力转移及农村剩余劳动力不足成为中国农村贫困的关键原因。

2. 经济增长的影响与制约

改革开放以来，从经济视角来看，中国贫困的成因为：经济基础差、底子薄弱，生产力低下，处于计划经济向市场经济转化的综合转型期。第一，从经济基础分析，传统农业在国民经济中占绝对优势，劳动生产率低下，全国80%以上的人口从事农业生产，但我国每年还需要进口粮食和棉花等农产品；手工业未形成工业体系，工业技术水平低下，门类短缺；商业生产不发达，市场发育不平衡，小农经济依然是社会经济的主体。第二，从生产力角度分析，改革开放前，虽然过去的贫困落后是中国贫困问题产生的主要原因，但计划经济时期各项关于经济发展的政策决策导致的生产效率低下、资源配置有误、生产资料浪费等问题，加深了中国贫困人口的贫困程度，是绝对贫困问题产生的重要原因。计划经济背景下，中国经济的增长是低效率的，致使20世纪70年代中后期我国依然是低收入国家。生产效率低是技术进步停滞、体制僵硬、技术人才缺乏、资源流动性不合理、项目重复率高等原因带来的，这也成为这一时期中国产生贫困问题的重要原因。第三，从经济体制分析，改革开放以来，中国由计划经济转向以市场经济为主导的发展模式，经济发展模式的转变影响了贫困群体的生产生活状况。农民群体面临着市场经济带来的新风险，他们变得更脆弱、更容易陷入贫困。具体表现在，农业经济因其生产规模小，无法提高总体产量；农村土地资源和人口之间的矛盾突出，农民无法从土地上获得充足的生产生活资料；市场经济的到来，使得

---

① 阿瑟·刘易斯：《二元经济论》，施炜等译，北京经济学院出版社，1989，第57页。

与农民息息相关的医疗、教育、生产资料等成本增加,给农民群体的日常生活和农业生产带来极大的压力。总之,不管是在计划经济条件下还是市场经济条件下,中国农民、农业和农村都面临较多风险,导致贫困问题滋生。

3. 区域发展的非均衡性表现

地区发展不平衡是导致中国贫困问题多样性、复杂化的重要原因。东部、中部与西部地区发展不均衡、发展差距大,使各地人民的生活水平呈现相应的差异。东部、中部与西部地区发展不均衡导致的直接后果是收入不平等,进而带来区域间的贫困问题。据统计,西部地区因灾害致贫、因资源匮乏致贫、因基础设施落后致贫占比远高于东部地区。城乡发展差别大是区域发展不均衡的另一种表现。改革开放初期的城乡发展不均衡,体现在政府高度重视城市经济的发展,重工业发展战略推动了城市工业的发展,致使城市工业的发展水平远高于农业农村的生产水平,从而使农村出现了大量的贫困人口。目前,中国常住人口城镇化率达 60%以上,但依然有不少农村的常住人口受制于农村薄弱的基础设施、支撑力不足的农业产业,不能享受健全的公共服务。至今,农村脱贫地区的生产、生活条件依然与城市有一定的差距。

三、中国反贫困的巨大成就

党和政府的减贫举措,强有力地推进了中国反贫困的进程。尤其党的十八大以来,中国脱贫攻坚取得了决定性进展,走出了一条具有中国特色的反贫困之路。中国在世界范围内带领了最多的人口脱离贫困,率先完成了联合国千年发展目标。目前,中国反贫困事业进入了新的发展阶段,正在朝着保持稳定脱贫、实现共同富裕、建设社会主义现代化国家的新起点迈进。

（一）农村贫困发生率大幅下降

改革开放以来，中国农村贫困人口数量大幅减少，贫困发生率不断下降。总的来说，1978—2012 年中国的反贫困工作取得了较大成效，但与全面建成小康社会的要求还有一定的差距。据统计，根据每人每年 2 300 元（2010 年不变）的农村扶贫标准，1978 年，中国农村的贫困人口为 77 039 万人，贫困发生率为 97.5%；2012 年，中国农村的贫困人口为 9 899 万人，贫困发生率为 10.2%（如图 2－1 所示）。

党的十八大以来，通过实施脱贫攻坚战略，到 2020 年年底现行贫困标准下中国农村贫困人口贫困发生率由 2012 年的 10.2%下降到 0（如图 2－1 所示）。中国如期完成了新时代脱贫攻坚的目标任务，现行标准下的近 1 亿农村贫困人口全部脱贫，832 个贫困县和 128 000 个贫困村全部摘帽，中华民族几千年的绝对贫困问题得到历史性解决，取得了世界瞩目的成就。

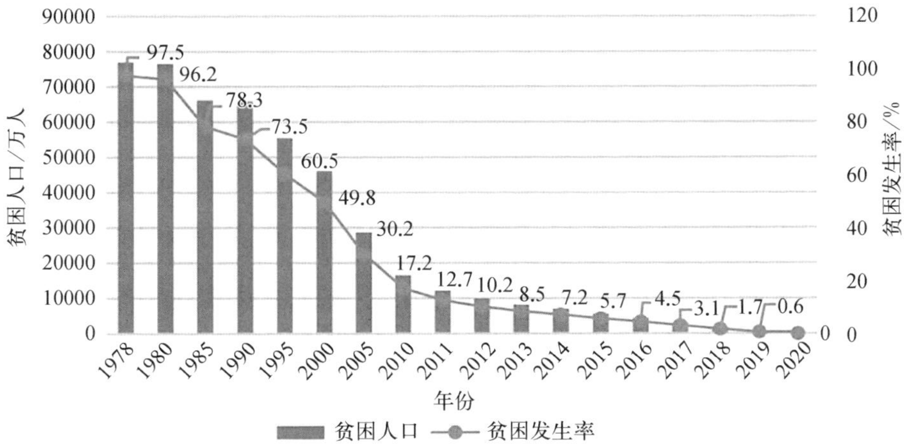

图 2－1　1978—2020 年中国农村贫困人口和贫困发生率变化趋势①

① 资料来源：国家统计局数据库。

（二）农村生产生活水平显著提升

脱贫攻坚的重大成效之一就是大幅提升了农村贫困地区的生产生活水平。一是贫困地区农村居民收入持续增长。据统计，2020年贫困地区农村居民人均可支配收入为12 588元，是2013年的2.1倍，年均增长11.6%；与此同时，贫困人口的工资性收入和经营性收入占比逐年上升，转移性收入占比逐年下降。① 此外，通过产业就业扶贫举措，贫困地区培育和发展了一批特色优势产业，农旅结合、电商贸易等新业态迅速发展，贫困人口收入逐年提升，生活水平显著改善。二是基础设施建设和公共服务水平大幅提升。长期以来，基础设施和公共服务滞后是阻碍贫困地区发展的一个重要因素，特别是深度贫困地区的自然地理条件恶劣、生态环境脆弱等，使当地基础设施建设成本较高、基本公共服务供给短缺成为制约经济社会发展的一个主要短板。② 随着基础设施和公共服务的逐步完善，贫困地区公路、电话、宽带、医疗机构等占比有了较大幅度的增长。《北京日报》记载，到2021年年底，中国县级医疗卫生机构23 000个，乡镇卫生院35 000个，村卫生室59 900个，实现了县、乡、村的全覆盖。

（三）生态保护落地落实

生态扶贫在脱贫攻坚中发挥着特殊的作用，尤其是在生态脆弱区、深度贫困区等发展困难的地区，生态扶贫实现了生态保护和脱贫攻坚的双赢。目前，生态扶贫工作取得明显成效，一方面贫困人口通过参与生态保护、生

---

① 陈锡文、韩俊：《中国脱贫攻坚的实践与经验》，人民出版社，2021，第4页。

② 左停、刘文婧、李博：《梯度推进与优化升级：脱贫攻坚与乡村振兴有效衔接研究》，《华中农业大学学报（社会科学版）》2019年第5期。

态修复工程建设和发展生态产业等提高了收入；另一方面贫困地区生态环境得到有效改善，生态产品供给能力增强，可持续发展能力进一步提升。

2016—2020 年，中西部 22 个省（自治区）利用中央及地方资金，共选聘 1 102 000 建档立卡的贫困人口担任生态护林员，精准带动 300 多万贫困人口脱贫增收。此外，我国还大力推广以贫困人口为主体的造林专业合作社模式，扩大退耕还林规模，增加生态总量、提高生态质量，增加贫困户的劳动收入。至 2020 年，全国脱贫攻坚造林（种草）专业合作社达到 23 000 个，吸纳 1 600 000 贫困人口参与生态建设。同时，在保护生态的基础上，大力支持发展国家储备林、森林湿地等自然生态旅游，以及木本油料、林下经济、竹藤、花卉种苗等产业，至 2020 年，这些举措带动 16 000 000 多贫困人口实现脱贫增收，贫困人口人均年增收 4 288 元。

（四）贫困治理体系逐步完善

脱贫攻坚在致力于解决贫困问题的同时，也促进了国家治理体系的改革和创新，特别是进一步完善了贫困治理体系。在宏观体系构建方面，中国已经形成了专项扶贫、行业扶贫和社会扶贫的“三位一体”大扶贫格局，形成了全社会合力攻坚的良好局面。在资金使用方面，坚持群众参与、公示公告，充分发挥群众的主体作用，扶贫资金的使用和监管透明度大幅提升，增强了县级政府项目和资金管理的能力，基层治理水平有效提升。在扶贫队伍建设方面，政府派驻了 3 000 000 多名来自不同行业的人员到贫困村担任第一书记和驻村干部，通过贫困识别、精准帮扶和贫困退出等一系列具体工作的开展，进一步提升了基层干部的工作能力，优化了工作作风，为贫困治理和国家治理储备了宝贵的人力资源。

四、中国反贫困的重要意义

消除贫困、改善民生、实现共同富裕,是社会主义的本质要求。党和政府始终高度重视反贫困工作,经过70多年的反贫困斗争,中国提前10年实现了联合国2030年可持续发展议程的减贫目标,历史性地解决了绝对贫困问题,走出了一条具有中国特色的贫困治理道路。中国反贫困的成就,加速了世界减贫进程,为全球减贫事业贡献了中国智慧和中国方案。

(一)彰显社会主义的制度优势

社会主义将解放生产力、发展生产力,最终实现共同富裕作为奋斗目标,深刻揭示了社会主义的先进性体现在更能保证促进社会公平与正义,更能保证实现人的全面自由发展。在历史的长河中,贫困始终是困扰中华民族的重要问题。中国的反贫困实践充分彰显了社会主义社会在解放生产力、发展生产力、实现生产力更快发展方面的巨大成效,更加充分地彰显了社会主义制度在推进社会公平与正义、促进人民生活品质提升方面的历史先进性。

一是中国的反贫困行动坚持以科学理论为指导,坚持正确的治贫理论,探索符合中国国情的贫困治理理论模式。改革开放以来,中国的反贫困行动从"救济式"扶贫向"制度性"扶贫转变,从"大水漫灌"模式向"滴灌"模式转变,从整体扶贫向专项扶贫转变。这一系列扶贫模式的变化,背后都有科学理论作为指导。二是中国的反贫困行动突出人民本位,人民的利益高于一切,以提高贫困群体的经济收入为首要目标,以促进贫困群体摆脱贫困、实现自我发展为长远目标。三是中国的反贫困行动体现了坚持集中力量办大事的优势。改革开放以来,中国集中全社会的资源开展大规模的反贫困行动,动员全党、全社会力量投身反贫困事业。扶贫开发事关全面建成小康社会,事关人民福祉,事关巩固党的执政基础,事关国家长久治安。因此,在反贫困行动中,动员全社会力量参与扶贫事业,充分发挥党员干部在反贫困中的榜样和先锋作用,发挥市场主体在反贫困中的动员与参与作用,调动社会组织在反贫困中的支持与配合作用,这些都展现了社会主义制度的优越性。

(二) 奠定全面建成小康社会的基础

中国共产党的初心和使命就是为人民谋幸福。中华人民共和国成立前,中国共产党靠领导农民"打土豪、分田地"夺取政权,让人民翻身做了主人。中华人民共和国成立后,中国共产党要带领人民"脱贫困、奔小康",让人民过上好日子。只有让大量贫困人口摆脱贫困,过上体面而有尊严的生活,才能激发蕴藏在他们身上的巨大活力,为中国特色社会主义事业注入改革发展的动力;才能进一步增强中国特色社会主义的凝聚力和向心力,增强和夯实党执政为民的社会基础和群众基础。扶贫开发的战略地位和作用是由社会主义的本质要求决定的,是由中国共产党的性质和宗旨决定的。

党的十八大以来,党中央把脱贫攻坚作为全面建成小康社会的底线任务,并且提出具体的任务目标,即在2020年中国现行标准下的农村贫困人口全部脱贫、贫困县全部摘帽,消除区域性整体贫困。全面建成小康社会,不仅要从总体上、总量上实现小康,而且更重要的是让贫困地区尽快赶上来,逐步缩小贫困地区同发达地区的差距,让小康惠及全体人民。这是实现全面建成小康社会目标的现实需要，更是社会主义共同富裕目标的基础和前提。中共中央总书记习近平指出，全面建成小康社会、实现第一个百年奋斗目标，农村贫困人口全部脱贫是一个标志性指标；全面建成小康社会，关键是要把经济社会发展的“短板”尽快补上，否则就会贻误全局。脱贫攻坚战的胜利，意味着全面建成小康社会的底线任务已经完成、标志性指标已经达到，为全面建成小康社会奠定了坚实基础，是实现中华民族伟大复兴的关键一步。

（三）创造反贫困史上的中国奇迹

改革开放40多年来，中国立足基本国情，逐渐构筑起一条具有中国特色的反贫困道路。党的十八大以来，中国的反贫困行动涉及范围之广、速度之快、效果之大、影响力之深，是中国几千年历史上的第一次。这主要得益于中国共产党一直坚持实现脱贫目标，不断将反贫困战略推向更深层次。

一方面，我国持续推进反贫困工作，从开发式扶贫方针的实施，中长期反贫困规划、西部大开发等区域开发战略的推进，到近年来国家扶贫战略政策体系的进一步完善等一系列反贫困行动和策略中，都在坚持创新反贫困模式。另一方面，党的十八大以来，扶贫开发被纳入“五位一体”的总体布局和“四个全面”战略，扶贫开发成为实现第一个百年奋斗目标的重要任务。随着脱贫攻坚战取得全面胜利，我国终结了绝对贫困的历史，为实现中华民族伟大复兴的中国梦提供了坚实的支点。总而言之，反贫困事业取得的巨大成就成为中国共产党开创的人类历史上的伟大奇迹。

（四）探索中国特色的反贫困模式

改革开放以来，中国反贫困行动的力度不断加强。1986年以后，中国开始探索大规模反贫困路径，并且形成了具有中国特色的反贫困道路。第一，设置跨部门的反贫困机构，坚持以政府为主导的扶贫模式。自 1982 年“三西”地区[①]农业建设领导小组成立，1986 年国务院贫困地区经济开发领导小组成立之后，中国政府向贫困地区投入的专项扶贫资源不断增加。1993 年，国务院扶贫开发领导小组成立，更加确定了以政府为主导的中国特色反贫困模式。国务院扶贫开发领导小组联合中央、地方及其他反贫困主体，将扶贫开发纳入国家总体发展战略，开展大规模、有组织、有计划的专项扶贫行动。第二，制定专门的反贫困战略，始终坚持依靠发展解决贫困问题，通过经济增长带动反贫困事业；始终坚持开发式扶贫方针，将增强贫困人口的自我发展能力作为摆脱贫困的根本途径；激发社会力量，动员社会参与，构建了专项扶贫、行业扶贫、社会扶贫协同推进的大扶贫格局。第三，坚持普惠政策和特惠政策相结合，先后实施了《国家八七扶贫攻坚计划（1994—2000）》和“两个十年扶贫开发纲要”，在加大对“三农”普惠政策支持的基础上，对农村贫困人口做到“应扶尽扶”“应保尽保”。从 1984 年开始，中国有计划、有组织、大规模的扶贫开发工作完全展开，到 1992 年年底，农村贫困人口从 1978 年的 2.5 亿人减少到 8 000 万人（1978 年农村贫困标准）。[②] 2017 年年底，中国农村贫困人口剩余 3 000 多万人，反贫困效果十分明显。第四，促进扶贫与社会保障的有效衔接，实现社会保障与扶贫开发相结合，为贫困群体织密织牢民生兜底保障“安全网”。第五，建立科学严密的脱贫攻坚体制机制，围绕脱贫攻坚的责任、政策、投入、监督、考核等方面，党中央进行了一

---

① 甘肃的河西、定西和宁夏的西海固，被称作“三西”地区。

② 王小林、张晓颖：《迈向 2030：中国减贫与全球贫困治理》，社会科学文献出版社，2017，第 65 页。

系列的体制机制创新，加强了对脱贫攻坚工作的全面领导，为脱贫攻坚提供了有力保障。

（五）为世界反贫困事业提供中国方案

中国在反贫困方面取得的突出成就，对联合国在世界范围内的反贫困事业产生了巨大的推动作用。联合国《千年发展目标 2015 年报告》显示，全球极端贫困人口已从 1990 年的 19 亿人降至 2015 年的 8.36 亿人，中国在其中的贡献率超过 70%，为全球反贫困事业做出了重大贡献。中国始终积极参与并推动全球的反贫困实践。今后，中国将致力于国际反贫困和乡村振兴，持续推动联合国 2030 年可持续发展议程的落实。中国反贫困事业为世界反贫困提供的中国方案主要涉及以下两个方面。

一方面，中国反贫困重视缓解多维贫困，提高贫困人口的生活质量。中国的反贫困目标除了缓解收入贫困外，还包括促进贫困群体的全面发展。反贫困行动坚持扶贫扶志（智）相结合、输血造血相结合，综合运用文化扶贫、教育扶贫等多种路径，提高贫困群体的思想文化素质和科学技术水平，为贫困地区的经济发展提供精神动力和智力支持；着重改善贫困人口生产生活条件，注重贫困地区基础设施建设，教育、医疗卫生、住房、养老保障、公共文化服务体系建设，引导贫困地区着力消除群众因缺少教育和社会保障而致贫返贫的根源，促进社会公平与和谐；注重加强贫困人口的政治参与能力，通过“赋权”推动贫困人口参与反贫困项目的设计、实施和评估过程，提升贫困人口的主体意识和话语地位，实现共建共享；促进农户参与市场活动，提升农户市场竞争能力；灵活运用资产收益扶贫、社会保障兜底扶贫等方式，保障部分缺乏生产能力、无法直接参与市场活动的农户分享经济社会发展成果的权利；充分发挥社会组织的专业作用，积极了解贫困群体的精神状况、心理状态，通过疏导、教育等方式帮助贫困群体克服心理障碍，建立生活信心，改善他们精神贫困的现状。

另一方面，中国反贫困实践重视激发内生动力，实现贫困地区内源式发展。我们要明确，摆脱贫困单靠外部帮扶是不行的，必须激发贫困地区和贫困人口的内生动力，促使受助对象主动摆脱贫困。贫困治理要注重加强基层党组织建设，深挖内生动力的源泉，着重发挥好村党支部和村民委员会的作用，抓好以村党组织为核心的村级组织配套建设，加强对基层干部的培训和管理，把基层党组织建设成维护农村稳定的坚强领导核心和引导贫困群体脱贫致富的带路人；培养和增强贫困人口的发展意愿，帮助贫困人口树立脱贫的主体意识，摒弃“等、靠、要”思想，实现从“要我脱贫”到“我要脱贫”的观念转变；着重智力扶持，找准内生动力的发展路径，加强对贫困人口的职业教育和培训，帮助他们获得市场需要的生产能力。

第三章
中国反贫困的发展历程

中华人民共和国成立以来,中国的反贫困事业取得了举世瞩目的成就,探索出了一条具有中国特色的反贫困道路。随着经济社会的发展,中国反贫困理念和政策经历了一系列的变化和演进。根据不同时期贫困情况和扶贫重点的变化,中国反贫困的历史进程大致分为五个阶段,分别为计划经济体制下的政府救济式扶贫阶段、改革推动式扶贫阶段、大规模开发式扶贫阶段、综合扶贫阶段和全面建成小康社会的扶贫攻坚阶段。

一、计划经济体制下的政府救济式扶贫阶段(1949—1977年)

中华人民共和国成立初期,饱经战争蹂躏的中国大地百废待举,生产力水平低下,社会普遍贫困,绝大多数人处于绝对的生存性贫困状态。为改变中国极端贫困的状态,解决人民的生存问题,党和政府把消除贫困作为建设社会主义的重要内容,并且带领中国人民进行艰苦卓绝的探索。1950年,毛泽东同志发表讲话,表示中央人民政府成立后,主要精力要转到搞经济上去,要调整工商业。[①] 这表明,我国要通过政策的转变,促进与推动宏观经济的发展,缓解贫困问题。这一时期的反贫困实践主要是变革农村生产关系和建立基本的农村保障制度。

(一) 变革农村生产关系

中华人民共和国成立后,中国共产党将变革生产关系作为消除普遍性贫困的首要任务,并且组织人民群众全面开启了政府救济式扶贫的反贫困道路,主要方式有土地改革运动、农业合作化运动和改革农村分配制度等一系列社会主义建设道路的艰难探索。

中华人民共和国刚成立时,农村的土地较为集中。仅占总量 6.8%的地主与富农阶级拥有 51.9%的耕地,其中地主户人均占有耕地 144 亩,而广大贫雇农只拥有 14.3%的耕地,户均占有耕地只有 3.6 亩。[②] 土地分配不平等严重制约着农业生产力的发展。1950—1952 年年底,中国共产党领导的土地改革运动基本完成,废除了地主阶级的土地所有制,实行农民的土地所有制,农民的生产积极性得以提高,农村经济得到一定程度的发展。

面对贫穷落后的社会发展状况,毛泽东指出,全国大多数农民,为了摆脱贫困,改善生活,为了抵御灾荒,只有联合起来,向社会主义大道前进,才能达到目的。[③] 他认为,建立在封建经济基础之上的小农经济不可能使中国彻底摆脱贫困,只有建立合作社才能使人民群众从穷苦走向富裕。1953 年,

---

① 邸延生:《历史的回眸:毛泽东与中国经济》,新华出版社,2010,第 73 页。

② 吴承明、董志凯:《中华人民共和国经济史(第一卷 1949～1952)》,中国财政经济出版社,2001,第 46—47、97 页。注:本书中所有出版物的"卷"数页下注均采用括号加阿拉伯数字的形式体现。

③ 毛泽东:《毛泽东文集(第 6 卷)》,中共中央文献研究室编,人民出版社,1999,第 429 页。

中国正式开启了对农业的社会主义改造，于 1956 年年底完成。土地改革和农业社会主义改造的完成，变革了农村的生产关系，大大提高了农民的生产积极性。1957 年，毛泽东在《关于正确处理人民内部矛盾的问题》一文中提出，使现在还存在的村中一小部分缺粮户不再缺粮，除了专门经营经济作物的某些农户以外，统统变成余粮户或者自给户，使农村中没有了贫农，使全体农民达到中农和中农以上的生活水平。① 此阶段，我国试图通过引导广大农民通过互助合作的方式，达到增产增收、消除农村贫富两极分化、解决贫困问题的目的，这无疑是从根本上解决中国贫困问题的重要探索。

为了进一步切断贫富差距的经济根源，1958 年我国建立了“三级所有，队为基础”的人民公社体制，农村生产关系经历了从合作社到人民公社的变革过程。人民公社体制的建立改变了农村的分配制度，将土地等生产资料由原来的农民所有变为集体所有，在全国范围内实行集体经营、集体分配的模式。这种模式在一定程度上促进了生产资料的公平分配，解决了上一阶段存在的贫富两极分化问题。

（二）建立基本的农村保障制度

中华人民共和国成立初期，中国共产党逐步开展小规模的救济式扶贫，建立起针对特殊困难群体的“五保”供养制度、特困户救济制度等。除此之外，党和政府还采取了一系列加大农村基础教育投入、改善农村医疗卫生条件等措施开展救济式扶贫，旨在最大限度地解决农村的贫困问题。

针对救济的持续发展问题，党和国家对农村特殊贫困群体进行了小规

① 毛泽东著作选读编辑委员会：《毛泽东著作选读》，人民出版社，1966，第 344 页。

模的财政救济,旨在保障其基本物质生活方面的需要。同时,在农村建立“五保”供养制度,即由救济对象所在单位为其提供生活上的帮助,为救济对象提供必要的物资供应,做到“保吃、保穿、保烧(燃料)、保教(儿童和少年)、保葬”。“五保”供养制度与对农村特困人口的生活救济制度,一定程度上缓解了农村的贫困与农民饥饿问题。

在基础教育方面,党和政府通过建设农村小学,提高了农村人口的受教育水平。同时,在医疗水平极端落后的情况下,建立了以“赤脚医生”为主力的廉价农村合作医疗保障体系,向农村人口普及了基本的疾病防护知识,为农村人口的身体素质发展提供了强有力的保障。

总体来讲,中华人民共和国成立初期到改革开放之前,中国实施的反贫困措施,既是政府救济式的,又可以理解为广义的输血式救济扶贫。这是因为,这一时期中国参与解决贫困问题的主体主要是国家、政府等,解决贫困的形式主要是通过政策的实施,反贫困措施大多是应急性的或是通过整体性的经济增长来缓解贫困,不是一种持续的过程。20 世纪 70 年代末,全国的贫困人口数量仍占总人口数的近半数,接近 2.5 亿①,这反映了当时贫困问题的普遍性与严重性。可以看到,高度计划经济体制下开展的反贫困行动,虽然保障了普遍贫困状态中大多数人的基本生存需要,但是却影响了生产力的发展②,并不能真正解决贫困问题。因此,只能说这些反贫困措施在当时的社会背景下起到了一定的成效,在一定程度上抑制了农民之间的贫富分化、满足了贫困人口的基本需求,解决了他们的生存危机。而合作化建设、共

---

① 黄承伟:《中国扶贫开发道路研究:评述与展望》,《中国农业大学学报(社会科学版)》2016 年第 10 期。

② 叶普万:《中国扶贫战略的偏差及其修正》,《兰州大学学报》2004 年第 5 期。

同富裕等理念的提出,给之后的反贫困工作指明了方向,也为扶贫政策由粗放、浅层向精准化和深度化的发展积累了一些经验,奠定了一定基础。

二、改革推动式扶贫阶段(1978—1985 年)

党的十一届三中全会的召开,拉开了中国改革开放的序幕,也标志着中国进入了经济体制改革和反贫困的新历史阶段。党中央在会上强调了发展生产对扶贫和经济发展的重要性,并且认识到造成农村人口大面积贫困的原因是生产力水平无法满足广大人民群众的生存需求,限制生产力发展的根本原因是体制的落后。为了从根本上解决广大农民的生存问题,激发农村经济的发展潜力,在党的十一届三中全会精神的指导下,中国以体制改革为开端,出台了系统的反贫困政策,推行了一系列新的反贫困实践。

(一) 实施家庭联产承包责任制

随着经济的发展,以人民公社集体经营制度为主体的计划经济体制严重落后于农村经济发展的需要,限制了农民的生产积极性,禁锢了农民的生产潜力,进而影响了生产力的发展。按照 1978 年的贫困标准,中国农村贫困人口约为 2.5 亿人,贫困发生率高达 30.7%。[①] 旧有的农业经营体制已不再适合生产力发展的需要,经营体制改革成为解决贫困问题的主要途径。

1979 年,中共中央推动农村体制改革,用家庭承包经营体制取代了原有的以人民公社为主体的集体经营体制。在家庭联产承包责任制中,土地所

---

① 国家统计局社会科技和文化产业统计司:《中国社会统计年鉴—2020》,中国统计出版社有限公司,2020,第 218 页。

有权仍归集体，但实行“分田包产到户，自负盈亏”，即将土地的经营权按户均分给农民，交由各家各户自主经营。这种“交够国家的，留足集体的，剩下的都是自己的”新制度，符合当时农业生产的具体情况，使农民享有了农业生产的自主权，极大地提高了农民的生产积极性，促进了农村经济的发展。家庭联产承包责任制实施后，中国的粮食总产量从1978年的6 075亿斤①上升至1984年的8 184亿斤，中国农民人均纯收入从133.6元上升到397.6元，农村的社会总产值从2 037.5亿元上升到6 340亿元，翻了三番。② 这一显著的变化证明了体制改革对农村经济的巨大影响。粮食产量的增长使农民解决了最基本的温饱问题。

相较于中华人民共和国成立初期救济式扶贫周期短、范围小、暂时性的特点，改革开放后的扶贫政策是大规模的、自上而下的，它建立在农村经济体制改革的基础上，通过解放生产力，将每一户、每个人拉到自主生产的大潮里，能够将更多的劳动力投入生产活动中，而更多的劳动力又进一步刺激了生产力的发展，从根本上扭转了农村经济发展形势。

（二）提高农产品收购价格并逐步取消统购统派

党的十一届三中全会公报明确提出提高农产品的收购价格、降低农产品销售价格。随后，《中共中央关于加快农业发展若干问题的决定》（1979年）、《关于进一步活跃农村经济的十项政策》（1985年）等文件又进一步规定了提高农产品收购价格的具体政策。《中共中央关于加快农业发展若干问题的决定》（1979年）做出了减少粮食派购数量的决定；《当前农村经济

① 1斤＝0.5千克，下同。
② 吕书奇：《中国农村扶贫政策及成效研究》，《中国农业科学院》2008年第10期。

政策的若干问题》(1983 年)提出派购品种不宜过多,明确规定农民可以通过多种渠道经营完成统购统派任务后的产品(不含棉花)和非统购统派产品。

到 1983 年年底,收购价格粮食比 1977 年高出了 15%~20%、油料和油料作物高出 27%、糖料作物高出 26%、棉花约高出 30%,生猪高出 27%。①农民收入大大增加。同时,对于集体生产和农民统一购买的农产品,超过统购数量的部分实行加价奖励政策,超购部分的补偿力度在 1979 年之前是 30%,1979 年之后增加到 50%。②超购加价政策不仅有利于调动农民的生产积极性,刺激生产,而且也有助于调控市场的资源供给。自由、活跃的市场带来了更多的交易机会和收入,将大部分农民拉离了贫困线直至实现了脱贫致富。这一时期,农村居民家庭人均纯收入翻了 2.5 倍,按国家统计局的贫困线计算,1978—1985 年中国贫困发生率由 30.7%下降到 14.8%,贫困人口由 2.5 亿下降到 1.25 亿,降幅为 50%。③

为了维护农民利益,促进农业发展,国家采取了减少农产品统购品种,扩大议购议销范围,打破城乡封锁等一系列措施。自 1979 年放松对农产品市场的管制以来,中国陆续恢复了农产品集贸市场,将一部分农产品的收购价格逐步提高,使农民的收入不断增加。在家庭联产承包和农产品流通体制改革的共同作用下,农村人均纯收入增加了 132%。④ 这些举措有利于提高农民收入,减轻农村贫困的程度。

---

①② 彭剑君:《中国农村财政政策研究》,中国财政经济出版社,2009,第 16 页。

③ 胡鞍钢、胡琳琳、常志宵:《中国经济增长与减少贫困(1978—2004)》,《清华大学学报(哲学社会科学版)》2006 年第 5 期。

④ 国家统计局城市社会经济调查司:《中国农村住户调查年鉴—2000》,中国统计出版社有限公司,2000,第 57 页。

（三）区域性扶贫

这一阶段，扶贫政策主要关注"老、少、边、穷"地区。党和政府在家庭联产承包责任制的基础上，实施农村经济改革和小规模区域扶贫以改善贫困地区的生产和生活条件；加强基础设施建设、完善公共服务，以提高贫困地区的生活水平并刺激经济发展；成立向贫困地区提供财政支持的专项资金；实施一系列帮助农村开展生产建设的举措等。1980 年，中央财政设立"支援经济不发达地区发展资金"，以支援经济不发达的革命根据地、民族地区、边远地区等，这是中央财政设立的第一笔财政专项扶贫资金。1982 年，国务院启动实施"三西"地区农业建设扶贫工作，中国的区域扶贫由此开始。这些措施有效改善了当地的农业及生态环境，提高了农业的产量，促进了经济的发展，也有效地缓解了贫困现象。

除此之外，国家还划定了 18 个贫困地带进行区域重点扶贫，包括秦巴中高山区、陕北白于山区、黄河沿岸土石山区、中西部山区和丘陵地区、沂蒙山区、闽西南、闽东北、太行山区、努鲁尔虎山区、定西干旱山区、吕梁山区、井冈山山区、秦岭大巴山区、大别山区等。根据各地区的实际情况，国家采取了有针对性的反贫困措施。同时，实施开发公共工程、以工代赈的扶贫方法，贫困对象通过参加必要的工程建设获得赈济金或赈济物资，通过出工投劳获得救济。[①] 这一措施不仅增加了贫困人口的收入，而且有力推动了当地基础设施建设。

（四）其他相关社会政策的推行

改革开放后，中国推行了一系列相关的社会政策，直接或间接地促进了

① 张磊：《中国扶贫开发政策演变（1949—2005 年）》，中国财政经济出版社，2007，第 73 页。

中国反贫困事业的发展。

第一,鼓励发展乡镇企业。家庭联产承包责任制的改革将农民从土地上解放出来,赋予了农民更多的自由。1979 年颁布的《国务院关于发展社队企业若干问题的规定(试行草案)》,要求发展社队企业(在 1984 年的中央 4 号文件里,社队企业改名为乡镇企业),为从农业中转移出来的剩余劳动力提供生产空间与门路。在国家的支持和鼓励下,乡镇企业从 1984 年开始在农村迅速发展。乡镇企业的兴起与发展改变了农村的产业结构,使一部分农村逐渐发展起了工业、服务业等第二及第三产业。同时,乡镇企业也吸纳了大量农村剩余劳动力,为农民提供了大量就业机会,农民收入渠道增多且收入水平大幅度提高,农村贫困问题得到一定程度的缓解。1978—1985 年,中国乡镇企业的就业人数从 2 826.6 万人增加至 6 976 万人,乡镇企业的总产值由 493.1 亿元跃至 2 728.4 亿元。① 乡镇企业的发展,极大地提高了农民收入,活跃了农村经济。

第二,逐步开放对劳动力输出的限制。改革开放前,中国农村和城镇的户籍和就业制度有明确的分割限制。随着城市化进程的推进,就业岗位的增长,政府逐渐放开了对劳务输出的限制。1984 年 1 月 1 日,国务院颁布的《关于 1984 年农村工作的通知》,允许农村劳动力自筹资金、自理口粮,进入城镇务工经商。1985 年的中央 1 号文件,进一步放宽了对农村劳动力的限制,在各级政府的统一管理下,允许农民进城开店设坊,兴办服务业,提供各种劳务。② 政策的松动给农村的反贫困工作提供了一个新方向:非农就业。

---

① 朱荣:《当代中国的农业》,当代中国出版社,1992,第 755 页。

② 中共中央文献研究室:《十二大以来重要文件汇编(上)》,人民出版社,1986,第 617 页。

1978—1985 的 8 年间，农村的非农劳动力数由 3 149.5 万人升至 7 521.8 万人。[①] 对农村劳动力输出限制的放宽，符合当时社会经济的发展趋势，使农村劳动力向非农领域转移成为可能，增加了农民的非农业收入，扩大了农村贫困人口的就业途径和就业范围，一定程度上减轻了农村的贫困问题，为解决农村剩余劳动力问题提供了新思路。

《新华网》报道，1978—1985 年，中国反贫困工作，尤其是农村地区的扶贫行动取得了显著成效。1978 年，以当时制定的人均收入 206 元以下即可界定为贫困人口的标准，中国农村的贫困人口高达 2.56 亿，占农村总人口数的 30.7%。此后，中国农村贫困人口平均每年减少 1 786 万人，到 1985 年年底，贫困人口数量已下降到 1.25 亿，贫困发生率也由 30.7%降低到 14.8%。

三、大规模开发式扶贫阶段(1986—2000 年)

1978—1985 年，中国通过实施农村体制改革、市场改革等一系列举措，促进了农村经济的发展，提高了农民的生活水平，减少了贫困人口的数量。一部分农村凭借自身的资源或区位优势，率先脱贫致富，第二及第三产业也取得了一定的发展。同时，一些问题逐渐凸显。自 1985 年开始，中国农村反贫困速度趋于缓慢，扶贫成效也有所减弱。另一部分农村地区由于受自然、环境、交通等因素的限制，发展相对滞后，难以摆脱贫困。不同农村地区在经济、社会、文化等方面的差距逐渐增大，发展不平衡问题日益突出。

为了有针对性地做好扶贫工作，中国政府结合农村的实际情况对扶贫

① 国家统计局：《中国统计年鉴—1995》，中国统计出版社，1995，第 23 页。

的组织和方式进行了调整。由此,在全国范围内吹响了开展大规模开发式扶贫的号角,中国的扶贫工作进入了一个新阶段。开发式扶贫,是指在国家的支持下,利用贫困落后地区特有的资源优势,开展规模性的生产建设,提高贫困人口的能力,使其逐渐摆脱贫困。与以往救济式扶贫模式不同的是,开发式扶贫实现了"输血式"扶贫向"造血式"扶贫的转变。

(一) 成立专门的扶贫机构

1986年,中国首个专门性的贫困治理工作机构——国务院贫困地区经济开发领导小组(1993年改称"国务院扶贫开发领导小组")正式成立,标志着中国的农村扶贫进入了政府主导的、有组织的开发式扶贫阶段。各级地方政府也相继建立了对应的扶贫机构,以负责本辖区范围内的扶贫工作。这一举措为扶贫工作确定了实施的主体,对制定、实施扶贫开发战略起到关键作用。

作为扶贫开发工作的专门实施机构,国务院贫困地区经济开发领导小组的主要任务是:组织调查研究;拟定贫困地区经济开发的方针、政策和规划;协调解决开发建设中的重要问题;督促检查和总结交流经验。该领导小组的成立,意味着各级单位的扶贫工作有了统筹、主管的领导核心,能确保各市、县等扶贫单位的工作顺利进行,引导农村扶贫工作走向专业化、规范化和制度化。

(二) 实行以县为单位的扶贫瞄准机制

自1991年起,农村贫困人口减少的速度明显减缓,1991—1993年平均每年只解决了250万人的温饱问题。造成此种现象的主要原因是农村的贫困人口相对集中在偏远、环境恶劣、公共基础设施不健全的"老、少、边、穷"

地区。中国开始认识到贫困分布的区域性特征，将目光瞄准国家级贫困县、省级贫困县和集中连片特困地区，以贫困村、贫困户为具体的帮扶对象。

中国制定了贫困标准，扶贫瞄准最需要帮扶的困难地区，重点关注革命根据地和民族地区。1985 年，中国贫困县的标准是人均年收入低于 150 元，少数民族自治县和革命老区则为人均年收入低于 200 元，一些革命老区的标准甚至放宽到人均年收入低于 300 元，在此标准下，中国确定了 311 个国家级贫困县，将 70%的扶贫资金用于贫困县的救助和发展上。相应地，各省（自治区）政府也按照相关要求确立了省（自治区）级别的贫困县。1986 年，第六届全国人民代表大会第四次会议将如何帮助“老、少、边、穷”地区脱离穷困落后状况作为一项重要议题，列入了《中华人民共和国国民经济和社会发展第七个五年计划》。同年，国家统计局开始利用全国农村住户抽样调查数据进行贫困标准及扶贫效果等有关问题的研究和测算，农村贫困监控系统逐渐形成和发展起来，成为中国农村开发式扶贫模式的重要组成部分。①

据 1994 年颁布的《国家八七扶贫攻坚计划（1994—2000 年）》，中国继续推进开发式扶贫。贫困地区在政府的领导和帮扶下，紧跟市场动向，合理利用本地的优势资源，因地制宜，发展商品生产，实现自力更生与脱贫致富。《国家八七扶贫攻坚计划（1994—2000 年）》的实施内容主要包含以下五点。（1）自 1994 年起，中国的扶贫项目投入开始落实到户，实行农村目标瞄准型反贫困策略，优先解决困难群众的温饱问题。（2）不断加大资金投入，扶贫项目投入的资金从 1995 年至 1999 年增加了 1.63 倍。自 1994 年起，国务院再增加以工代赈资金和扶贫贴息贷款各 10 亿元，并且要求各级地方政府也

① 曹洪民：《中国农村开发式扶贫模式研究》，博士学位论文，中国农业大学，2003。

要逐年加大对扶贫资金的投入。1997 年,国务院出台《国家扶贫资金管理办法》,明确和规范了扶贫资金的使用渠道和管理模式,确保资金用在明处,用在实处。(3) 在扶贫开发形式上,各地区要依托资源优势,按照市场需求,开发具有竞争力的“名、特、稀有”产品;坚持兴办“贸工农一体化”“产加销一条龙”的扶贫经济实体,承包开发项目、外联市场、内联农户,为农民提供产前、产中和产后等系列化服务;加大和推动贫困地区与发达地区的交流与合作等。(4) 加强财税优惠等政策保障。国家对“老、少、边、穷”地区新办企业的所得税在 3 年内予以征后返还或部分返还;各级政府把扶贫资金列入财政预算,保证其用于扶贫开发工作。(5) 提高对贫困地区教育、医疗、科学文化建设的投入,推进“村村通广播”,严格执行和推广义务教育、兴建“希望工程”等,培养和增强贫困人口的知识文化水平,以提高其生产能力和就业竞争力。

《国家八七扶贫攻坚计划(1994—2000 年)》指出,力争用 7 年左右的时间在 20 世纪末基本解决当时全国农村 8 000 万贫困人口的温饱问题,并且重新调整了国家级贫困县标准,重新确定了 592 个国定贫困县。① 其中西部地区 366 个,②占全国总数的 62%,主要集中于 18 个贫困地区。到 2000 年年底,该计划的目标基本实现,农村绝对贫困人口由 8 000 万下降到 3 209 万,贫困发生率减少到 3.4%。③

实施以县为单位的扶贫瞄准机制,可以使国家依据贫困县的实地条件,更加有针对性地对其进行帮扶,帮助农村贫困地区脱贫,从而提高贫困地区

① 国务院扶贫开发领导小组办公室:《中国农村扶贫开发概要》,中国财政经济出版社,2003,第 34 页。

② 同①第 57—58 页。

③ 黄承伟:《中国扶贫开发道路研究:评述与展望》,《中国农业大学学报(社会科学版)》2016 年第 5 期。

的经济发展水平；有利于政府集中使用扶贫资金，将其投入最贫困的地区，以提高扶贫资源的使用效率。与此同时，国家以县为单位实施扶贫项目，也降低了扶贫工作的成本。

（三）增加专项扶贫资金的投入

中国逐步增加专项扶贫资金的投入和使用，以支持贫困地区的建设与发展。其中，中央专项扶贫资金在继续开展上一时期三大扶贫工程和建设基础上，还在 1992 年专门设立了“少数民族发展基金”，用于支援少数民族贫困地区的发展，提高贫困人口的生活质量。

在扶贫开发工作中，政府安排专项扶贫资金（专项扶贫贷款、以工代赈资金和财政发展资金）支持国家贫困县的扶贫开发。20 世纪 80 年代中期，政府每年向贫困地区投入的专项资金是 40 亿元；90 年代初，资金援助的数额提升至每年 60～70 亿元。[①]《中国农村扶贫开发（白皮书）》显示，1986—1993 年，中国贫困县农民的人均年收入从 208 元上升到 483.7 元，兴办了 80 多万个果、茶、桑等经济园和 5 万余个乡镇企业。中国农村贫困人口由 1.25 亿人下降到 8 000 万人，每年减少 640 万人，年均递减 6.2%，贫困发生率从 14.8%下降到 8.7%。

1996 年，在全国扶贫开发工作会议上，国务院扶贫开发领导小组对东西协作扶贫做出了具体的部署，要求东部 13 省与西部 10 省、自治区对接，实施对口帮扶。《中国农村扶贫开发概要》显示，1993—2000 年，中国农村贫困人口从 8 000 万减少到 3 000 万，贫困发生率从 8.9%下降到 3%。在经济增长的带动及专项扶贫措施的推动下，农村绝对贫困问题得到基本解决，《国家

① 王颉：《多维视角下的农民问题》，江苏人民出版社，2007，第 211 页。

八七扶贫攻坚计划(1994—2000 年)》的战略目标基本实现,中国农村的绝对贫困人口数持续下降,各地的扶贫工作逐渐走上了地区自主生产力的可持续发展道路。

中国还采取多元化的帮扶举措,改善贫困地区的落后状态。例如,通过劳务输出的方式缓解贫困群体的经济压力,以移民搬迁的方式解决贫困群体居住困难的问题,借由基础设施建设改善贫困地区的生活条件①;加强基础设施建设,解决贫困地区的交通等问题;加大教育投入,开展职业技术教育培训等。除此之外,政府还积极动员社会力量参与需扶持各地的反贫困工作,号召党政机关、民主党派等参与定点扶贫。《国家八七扶贫攻坚计划(1994—2000 年)》指出,中央政府明确资金、任务、权利、责任“四个到省”的扶贫工作责任制,建立东部沿海地区支持西部欠发达地区的扶贫协作机制②,开展东西部协作扶贫、贫困地区与发达地区进行经济合作交流。数据显示,1994 年,在 592 个国家定点贫困县中,中西部地区的县市占总数的 82%,贫困人口数量占总数的 80.13%。③

由“输血式”扶贫到“造血式”扶贫的转变,使得中国扶贫开发事业迈上一个新台阶,扶贫目标基本实现,贫困人口数量减少。农村尚未解决温饱问题的贫困人口由 1978 年的 2.5 亿人减少到 2000 年的 3 000 万人,农村贫困发生率从 30.7%下降到 3%左右。④ 这些扶贫举措为全面建成小康社会打下了良好的基础。

① 张磊:《中国扶贫开发历程(1949—2005 年)》,中国财政经济出版社,2007,第 56 页。
② 刘娟:《我国农村扶贫开发的回顾、成效与创新》,《探索》2009 年第 4 期。
③ 沈洊:《农村反贫困政策评析》,《社会科学战线》2009 年第 3 期。
④ 国务院扶贫开发领导小组办公室:《中国农村扶贫开发概要》,中国财政经济出版社,2003,第 1—2 页。

四、综合扶贫阶段(2001—2010 年)

进入 21 世纪后,中国的经济建设进入了一个全新阶段,在很大程度上解决了贫困人口的温饱问题,与此同时,贫困问题也发生了很大的变化。中国共产党第十六次全国代表大会,党提出了全面建成小康社会的奋斗目标,为中国的扶贫事业提出了新要求:要全面建设惠及十几亿人口的更高水平的小康社会,使经济更加发展、民主更加健全、科教更加进步、文化更加繁荣、社会更加和谐、人民生活更加殷实。这一阶段面临的主要任务是巩固温饱成果,缓解相对贫困。2001—2010 年,中央和地方扶贫财政投入大大增加,由 127.5 亿元增加到 349.3 亿元,年均增长了 11.9%,累计为 2 043.8 亿元。2010 年年底,农村贫困人口有 2 688 万人,贫困发生率为 2.8%。2010 年,农村贫困居民人均收入为 3 273 元。592 个国家扶贫开发重点县新增基本农田 5 245.6 万亩,解决了 5 675.7 万人、4 999.3 万头大牲畜的饮水困难,农村贫困地区面貌得到了明显改变。①

为了顺应时代发展的要求,紧跟经济发展的步伐,解决农村地区的贫困问题,2001 年 11 月,中共中央在北京召开扶贫开发工作会议,对 21 世纪第一个十年的扶贫工作做了部署。国务院颁发了指导农村扶贫的第二个纲领性文件《中国农村扶贫开发纲要(2001—2010 年)》,提出了中国农村扶贫开发的战略目标、指导方针和具体措施,力求“消灭贫穷,达到共同富裕”,让贫困人群实现“不愁吃、不愁穿,保障其义务教育、基本医疗和住房”。这一阶段的农村扶贫开发工作需以《中国农村扶贫开发纲要(2001—2010)》为核心,

① 左常升:《中国扶贫开发政策演变:2001—2015 年》,社会科学文献出版社,2016,第 38 页。

进一步创新与细化扶贫和社会保障政策,促进新时期扶贫工作的顺利开展。

(一) 实施“整村推进”

进入 21 世纪,贫困人口在空间分布上呈更加分散的状态,如果仍以县为单位进行瞄准和扶持,就会遗漏很多非贫困县的贫困人口,贫困县内的扶贫资源也外溢到非贫困户。[①] 因此,这一时期的扶贫瞄准单元下移到村一级,截至 2002 年,我国共确定了 14.8 万个贫困村,占全国行政村的 21.4%,[②]覆盖了全国 80%的农村贫困人口。中国开始实施以贫困村为重点的“整村推进”专项扶贫工作,核心是增加贫困群体的收入,重点是改善贫困地区的基础设施建设、发展社会公益事业、改善群众的生产生活条件,目标是促进经济社会的全面发展。

中国把反贫困瞄准重心从贫困县下移到贫困村,在全国范围内确定了 15 万个贫困村,其中西部地区占 50%,中部地区占 40%。“整村推进”是以村为单位,以增加农民收入为核心,以文化发展为目标而开展的综合性扶贫开发工程。“整村推进”工程强调深入群众,以真正了解和解决农民的切身利益问题,让贫困人口直接受益;农民可以直接参与扶贫项目的选择、实施、管理等环节,一定程度上培养了农民参与产业化经营的意识,提高了农民产业化经营的经验,增强了农民参与市场竞争的意识。新华社《扶贫在线》有关数据显示,截至 2005 年年底,全国有 4.51 万个贫困村初步完成了“整村推进”扶贫开发规划建设任务,并且计划在“十一五”期间扩展到 14.18 万个贫

① 汪三贵、曾小溪:《从区域扶贫开发到精准扶贫——改革开放 40 年中国扶贫政策的演进及脱贫攻坚的难点和对策》,《农业经济问题》2018 年第 8 期。

② 左常升:《中国扶贫开发政策演变(2001—2015 年)》,社会科学文献出版社,2016,第 9 页。

困村。2010 年年底,全国共有 12.6 万个贫困村实施了“整村推进”。“整村推进”的实施使贫困村得到较快的发展,改变了以往贫困县分散扶贫的形式,提高了扶贫工作的针对性和扶贫资源的使用率,在一定程度上推动了中国扶贫事业的发展。

(二) 建立农村最低生活保障制度

20 世纪 90 年代,中国一些地方就开始实施农村最低生活保障制度试点工作。中国共产党第十六次全国代表大会提出,需要尝试建立医疗保险、农村养老和最低生活保障制度。2017 年《国务院关于在全国建立农村最低生活保障制度的通知》要求,保障范围包括家庭人均年纯收入低于最低标准的全体农村居民,从根本上解决农村贫困人口的温饱问题。2001—2010 年,中国共产党制定了一系列方针政策和减贫措施,保证了这一阶段经济的持续稳步增长,也使农村贫困问题得到一定的缓解。

2010 年年末,为深入推进扶贫工作,中共中央、国务院发布了第三个指导农村扶贫实践的战略性文件《中国农村扶贫开发纲要(2011—2020 年)》(以下简称《纲要》)。该《纲要》要求,新时期扶贫工作将继续坚持开发式扶贫方针,实现扶贫开发和农村最低生活保障制度有效衔接,鼓励和帮助有劳动能力的扶贫对象通过自身努力摆脱贫困;把社会保障作为解决温饱问题的基本手段,逐步完善社会保障体系。

以 2010 年的 1 274 元作为标准,2010 年年底我国农村贫困人口从 2000 年年底的 9 422 万人减少到了 2 688 万人,农村贫困发生率相应地也由 2000 年的 10.2%下降到 2010 年的 2.8%。与此同时,这段时期扶贫工作最显著的成效是贫困地区的生态环境得到一定程度的修复和保护,2002—2010 年国家重点实施退耕还林还草 14 923.5 万亩,新增经济林 22 643.4 万亩,严格控制饮用水的水源安全①。

(三) 推进劳动力转移培训

《中国农村扶贫开发纲要(2001—2010 年)》颁布后,中国政府把农村劳动力和劳动力的转移培训列为新时期农村开发扶贫的三项重点措施之一,提高了对农村人力资本的投入。2003 年颁布的《国务院关于进一步加强农村教育工作的决定》指出,要大力发展农村职业教育和培训,促进农业增效、农民增收。普遍开展农业实用技术培训,每年培训农民超过 1 亿人次。积极实施农村劳动力转移培训,每年培训 2 000 万人次以上,使他们初步掌握在城镇和非农业产业就业必需的技能。

中国加入世界贸易组织之后,劳动力密集型产业蓬勃发展,对劳动力尤其是技术工的需求量增大。东部地区因为经济发达对劳动力的需求量增大,而西部地区则相反,所以 2004 年国务院正式实施“雨露计划”。“雨露计划”以农村贫困户中的青壮年劳动力为主要对象,以提高他们的素质、增强就业和创业能力为宗旨、开展以技术行业为中心的技能培训。通过“雨露计划”,农民掌握了更多的谋生技能,改变了只能靠土地吃饭的传统,提高了农民在市场上的竞争力,增加了农民的收入,增强了其内生动力。“雨露计划”的实施,标志着中国扶贫开发工作进入了自然资源开发和人力资源开发并举的新阶段。② 2001—2004 年,参加此类培训的贫困地区人口有 242 万人,

① 左常升:《中国扶贫开发政策演变: 2001—2015 年》,社会科学文献出版社,2016,第 39 页。

② 左常升:《中国扶贫开发政策演变: 2001—2015 年》,社会科学文献出版社,2016,第 12 页。

其中在各省市内就业的为157万人，占总培训人数的65%。

（四）发展农业产业化

产业化扶贫是新时期中国扶贫开发的一种新的扶贫模式，对推动反贫困工作的长效发展有重要作用。《中国农村扶贫开发纲要(2001—2010年)》明确提出，要积极推进农业产业化经营的产业化扶贫。国务院在《关于做好农业和农村工作的意见》中指出，发展农业产业化不仅有利于提高农业生产效率、增强农业竞争力、推进农业现代化，而且也是对农村经营主体的创新与完善。

农业产业化是市场经济条件下，为解决当前一系列制约农业和农村经济发展深层次矛盾和问题的现实选择。[①] 产业化扶贫的内容主要包括确立主导产业，建立生产基地；提供优惠政策，扶持龙头产业，探讨运行机制，实现农户企业双赢等。[②] 据《中国农村扶贫开发的新进展》白皮书记录，这一举措从改变农村生产体制的根本入手，是解决新时期农民贫困问题的重要途径。产业化扶贫政策实施以来，取得了十分明显的成效。以扶贫龙头企业为例，平均每家龙头企业扶持农户数在1 161个至6 198个之间，扶持贫困农户在578个至2 391个之间，贫困农户数占农户总数的9.3%至70%。

除此之外，中国还同时实施就业促进、小额贷款、自愿移民、以工代赈等扶贫方式，各种扶贫方式相互配合、相互促进，共同推动反贫困事业的发展。

---

① 汝信、付崇兰：《中国城乡一体化发展报告(2013)》，社会科学文献出版社，2013，第163页。

② 刘坚：《新阶段扶贫开发的成就与挑战：〈中国农村扶贫开发纲要(2001—2010年)〉中期评估报告》，中国财政经济出版社，2006，第36—37页。

通过不懈努力,中国的反贫困事业取得了卓越的成就(如表3-1所示)。国家统计局的监测数据显示,在《中国农村扶贫开发纲要(2001—2010年)》实施的10年中,贫困人口减少了6 734万人,贫困发生率降低了7.4%,592个国家扶贫开发工作重点县人均地区生产总值增加了8 512元,年均增长17%;人均地方财政一般预算收入增加436元,年均增长18.3%,农民人均纯收入增加了1 997元,年均增长11%。

表3-1　2000—2010年中国取得的反贫困成就

时　　间	2000年	2010年
贫困人口/万人	9 422	2 688
贫困发生率/%	10.2	2.8
592个国家贫困县人均生产总值/元	2 658	11 170
人均地方财政收入/元	123	559
农民人均纯收入/元	1 276	3 273

这一时期反贫困的目标是解决少数贫困人口的贫困问题,巩固温饱成果,提高贫困人口的生活质量和综合素质,加强贫困村的基础设施建设,改善生态环境状况,逐步改变贫困地区经济、社会、文化的落后状态,为实现小康社会创造条件。

五、全面建成小康社会的扶贫攻坚阶段(2011—2020年)

《纲要》将连片特困地区、重点县和贫困村,以及在扶贫标准以下具备劳动能力的农村人口作为扶贫工作的主要对象。2015年发布的《中共中央国务院关于打赢脱贫攻坚战的决定》提出，到 2020 年，稳定实现农村贫困人口“不愁吃、不愁穿，保障其义务教育、基本医疗和住房”。实现贫困地区农民人均可支配收入增长幅度高于全国平均水平，基本公共服务主要领域指标接近全国平均水平。确保我国现行标准下农村贫困人口实现脱贫，贫困县全部摘帽，解决区域性整体贫困。①

随着社会经济的发展，以贫困村为单位的扶贫方式不再适合中国贫困人口分散的实际情况。要想解决此类问题，就必须做到“真扶贫、扶真贫”，加强其“精准度”。2013 年，中共中央总书记习近平提出精准扶贫的概念，并且提出精准扶贫要解决好“扶持谁”“谁来扶”“怎么扶”“如何退”四个问题，落实“五个一批”工程，确保“六个精准”。中国共产党第十八届中央委员会第五次全体会议(以下简称“党的十八届五中全会”)把“扶贫攻坚”变成“脱贫攻坚”，彰显了中国政府反贫困的决心和信心。同年 11 月，中共中央总书记习近平提出“打赢脱贫攻坚战是实现全面建成小康社会目标的重大任务”。“脱贫攻坚战”的提出标志着中国将摆脱贫困作为 2020 年之前必须完成的任务，表明了中国摆脱贫困的决心。

为推动精准扶贫工作的顺利开展，中共中央办公厅、国务院相继印发和出台了各类政策文件：《关于创新机制扎实推进农村扶贫开发工作的意见的通知》《建立精准扶贫工作机制实施方案》《扶贫开发建档立卡工作方案》等。这一系列政策文件详尽论述了精准扶贫工作模式的总体布局和工作机制，推动了习近平精准扶贫思想的全面开展。其中，《建立精准扶贫工作机制实施方案》确定了精准扶贫的目标任务，即通过对贫困户和贫困村的精准识

① 国家行政学院编写组：《中国精准脱贫攻坚十讲》，人民出版社，2016，第 39 页。

别、精准帮扶、精准管理和精准考核，引领各类扶贫资源的优化配置，实现扶贫到村、到户，逐步建立精准扶贫工作的长效机制；指出了重点工作内容，包括建档立卡与信息化建设、干部驻村帮扶、培养扶贫开发品牌项目、提高扶贫工作的精准性和有效性、建立精准扶贫考核机制等。

（一）实施精准扶贫方略

精准扶贫的实质在于“精准”二字，在扶贫工作中强调健全工作机制，将精准识别、精准扶持、精准管理、精准考核等作为精准扶贫的主要内容。2015 年 6 月，中共中央总书记习近平在贵阳召开的扶贫攻坚与“十三五”时期经济社会发展座谈会上，强调要精准施策，明确提出了“六个基本要求”，即扶持对象精准、项目安排精准、资金使用精准、措施到户精准、因村派人精准、脱贫成效精准。① 在此基础上，政府强调要结合各贫困地区、贫困户、贫困对象的实际情况，开展“五个一批”工程，实行最低生活保障兜底脱贫政策。

在精准扶贫的实施办法方面，首先，扶贫工作人员应在对贫困家庭开展建档立卡的过程中，详细了解贫困家庭的家庭成员情况和贫困地区的问题类型。其次，扶贫工作人员应调查清楚贫困地区和贫困家庭的致贫原因，从根本上解决他们面临的问题。最后，在选择扶贫项目时，扶贫工作人员应充分分析贫困家庭的优势和劣势，根据其脱贫能力帮助他们参加相应的扶贫项目。

在精准扶贫的主要方式方面，最主要的就是建立精准识别制度，创新精

① 中共中央党史和文献研究院：《习近平扶贫论述摘编》，中央文献出版社，2018，第 58 页。

准识别扶贫对象的方法，并且对建档立卡的扶贫对象数据进行动态管理；对精准扶贫的实施者实行责任考核机制，明确贫困人口、贫困村、贫困县的退出标准和程序；不断进行教育投入，通过教育带动当地的发展，防止出现贫困代际传递。

（二）实行区域瞄准和个体瞄准相结合

《纲要》将14个集中连片特困地区、832个国家级贫困县和12.8万个贫困村，以及在扶贫标准以下具备劳动能力的农村人口作为扶贫工作的主要对象。同时，结合贫困线和“两不愁三保障”等指标，通过基层民主评议和建档立卡等方式精准识别贫困人口，使扶贫措施直接到户到人。

区域瞄准和个体瞄准相结合的扶贫方式，既考虑了致贫的地域性因素，又考虑了致贫的个体性因素，第一次实现了从贫困地区到贫困人口的巨大转变，能够确保所有符合标准的贫困人口获得相应的扶持；既有利于带动贫困地区的经济发展，又有利于实现扶贫工作到村到户到人、因村因户因人施策。

（三）构建“三位一体”的扶贫格局

与西方资本主义国家小规模个人或组织的反贫困形式不同，中国善于运用系统思维推进精准扶贫，构建了专项扶贫、行业扶贫、社会扶贫互为补充的大扶贫格局。《纲要》明确要求，要广泛动员社会各界参与扶贫开发，鼓励先富帮后富，以实现共同富裕。随着专项、行业和社会扶贫的深入开展和相互融合，政府更加注重三者相结合的“三位一体”的大扶贫格局，以期发挥更大的扶贫综合效益。以贫困群众为主体，凝聚全社会的力量促使精准扶贫参与主体多元化，能够有效弥补政府扶贫力量的不足，为脱贫攻坚注入强大活力，开辟合力攻坚的中国模式。

“三位一体”的扶贫格局充分发挥了政府主导、市场主体和社会协同的作用，满足了贫困人口多元化的需求。政府、市场、社会三者之间相互推进、相互协调、相互补充和相互衔接，共同构成了中国扶贫格局的完整体系，进一步发挥了社会主义集中力量办大事的制度优势。

（四）实施“五个一批”工程

中共中央总书记习近平在 2015 年减贫与发展高层论坛上指出，我们坚持分类施策，因人因地施策，因贫困原因施策，因贫困类型施策，通过扶持生产和就业发展一批，通过易地搬迁安置一批，通过生态保护脱贫一批，通过教育扶贫脱贫一批，通过低保政策兜底一批。落实精准扶贫，解决的是“怎么扶”的问题，具体办法则是依据贫困地区和贫困人口的实际情况，推进“五个一批”工程。通过发展生产、易地搬迁、生态补偿、发展教育、社会保障兜底，帮助贫困地区和贫困人口脱贫。

全方位实施“五个一批”工程，有力打通了脱贫“最后一公里”的政策保障。政府通过实施“五个一批”工程，创新了扶贫方式，完善了基础设施和公共服务，促进了贫困人口的就业与创业，改善了贫困人口的生存环境，同时有利于提高贫困人口的经济收入，增强其内生动力。

2011—2020 年，中国精准扶贫、精准脱贫取得了举世瞩目的成就。贫困发生率在 2019 年降至 0.6%①，贫困地区农村居民年人均可支配收入大幅增

① 国家统计局社会科技和文化产业统计司：《中国社会统计年鉴—2020》，中国统计出版社有限公司，2020，第 218 页。

加，增至 12 588 元，消费水平大幅提升。按照 2011 年确定的人均年收入 2 300 元的贫困线标准，2020 年年底，中国农村贫困人口全部脱贫，贫困县全部摘帽，中国提前实现了联合国《2030 可持续发展议程》的减贫目标，中华民族千百年来的绝对贫困问题得到解决。2021 年 2 月，中共中央总书记习近平在脱贫攻坚表彰大会上庄严宣告，中国的脱贫攻坚战取得全面胜利，区域性整体贫困得到解决，完成了消除绝对贫困的艰巨任务，创造了又一个彪炳史册的人间奇迹！

第四章
政府主导

中国是世界上最大的发展中国家，是世界减贫事业的积极倡导者和有力推动者。2015 年 10 月 16 日，中共中央总书记习近平在 2015 减贫与发展高层论坛的主旨演讲中指出，改革开放 30 多年来，中国人民积极探索、顽强奋斗，走出了一条中国特色的减贫道路，中国坚持政府主导，把扶贫开发纳入国家总体发展战略，开展大规模专项扶贫行动，针对特定人群组织实施妇女、儿童、残疾人发展规划。①

这是改革开放以来关于中国扶贫开发基本经验最权威的表述。中国能够在短时间内将贫困人口大幅度减少，创造惊艳中外的中国减贫奇迹，很重要的原因是政府在减贫事业中发挥了主导作用，将减贫作为国家的发展战略和制度安排，制定并出台了一系列正确的减贫方针、政策，凝聚全社会的力量，帮助贫困地区发展，促进贫困人口脱贫。

---

① 中共中央文献研究室：《十八大以来重要文献选编(中)》，中央文献出版社，2016，第 718 页。

一、政府主导扶贫的内涵

改革开放40多年,中国走出了一条独具特色的扶贫开发道路,形成了贫困治理的中国经验。在中国减贫经验的理论总结中,政府主导被视为中国减贫经验的核心。因此,在研究中国的扶贫开发事业为什么由政府主导,以及政府是如何主导这一问题时,有必要在理论上梳理并厘清政府主导的内涵与外延,从经验上把握政府主导的历史逻辑与现实导向。

(一) 传统意义上的政府主导扶贫

政府主导扶贫可被理解为在贫困治理的过程中,政府是引导中国扶贫开发事业全局的重要力量,也是推动中国扶贫开发事业发展的关键。政府主导扶贫开发,是中国特色扶贫开发道路的基本特征之一,也是我国扶贫开发实践所遵循的一条基本原则。由于贫困具有长期性与复杂性,是自然因素、环境因素、社会经济因素等多种因素交织作用的结果,因此消除贫困是一个涉及多部门、多领域的工作。中国政府在实施扶贫开发计划之初,就意识到了这一点。1986年,我国成立了专门的扶贫机构——国务院贫困地区经济开发领导小组和国务院扶贫开发领导小组办公室,将扶贫开发纳入国家的总体发展规划中,有关省、自治区、直辖市,以及地(市)、县级政府也成立了相应的组织机构,统一领导和协调本地的扶贫开发工作。按照“省负总责、县抓落实、工作到村、扶贫到户”的工作机制,所有到省的扶贫资金由省一级政府来统一安排和使用,扶贫项目的审批权则下放到县一级,由省、市一级政府履行监管责任。在扶贫资源高效传递的系统里,国务院扶贫开发领导小组办公室通过协调扶贫项目和扶贫资金，动员各方力量参与扶贫，共同促进贫困地区的发展。

政府主导扶贫开发的主要内容包括以下六个方面：(1) 将扶贫开发纳入国民经济和社会发展规划之中；(2) 制定专门的国家扶贫开发中长期行动计划和年度计划；(3) 制定扶贫开发的方针、政策、规范性文件等；(4) 运用财政预算安排和国民收入再分配，以及动员、整合公共资源等方式，对扶贫开发给予投入；(5) 对扶贫开发工作进行定期部署并组织实施；(6) 鼓励、引导和动员企业、社会组织和其他社会力量，利用国际社会资源和力量，参与扶贫开发。①

改革开放40多年来，我国的扶贫开发行动从顶层政策设计到基层扶贫实践，都以政府主导的模式呈现，这种政府主导式扶贫取得了巨大的成效，但也存在一些弊端与不足。② 一方面，中国政府通过一系列的惠农政策、专项扶贫计划、农村社会保障制度、区域开发计划等举措，解放了生产力，促进了国民经济的发展，中国绝大多数的贫困群体以不同的方式在快速平稳的经济增长中获益。③ 另一方面，中国从中央到地方都强化了各级政府的扶贫责任，建立了一套完整的扶贫工作体系，各级政府及开展扶贫工作的相关部门了解扶贫政策决策、管理、执行、监督的各个环节，也是扶贫资源分配、传递、管理、使用、监督的主体。在此过程中，不可避免存在一些需要改进和完善的方面，如扶贫目标瞄准的有效性和针对性问题、扶贫资源管理使用的浪

---

① 范小建：《扶贫开发常用词汇释义》，中国财政经济出版社，2014，第31页。

② 苏海、向德平：《社会扶贫的行动特点与路径创新》，《中南民族大学学报(人文社会科学版)》2015年第3期。

③ 叶敬忠：《中国贫困治理的路径转向——从绝对贫困消除的政府主导到相对贫困治理的社会政策》，《社会发展研究》2020年第3期。

费问题、扶贫绩效评价的科学性问题等。①

在中国长期的扶贫开发实践中，传统意义上的政府主导为扶贫事业做出了巨大贡献，但随着扶贫事业进入深水区，传统意义的政府主导式扶贫已经不能满足我国的扶贫需要，政府主导下的反贫困治理结构有待优化。

（二）政府主导扶贫的“新”意涵

2011 年，中央扶贫开发工作会议召开，中国政府将贫困线提高到了人均年收入 2 300 元，颁布实施了《纲要》，标志着中国的扶贫开发进入了一个全新的阶段。新时期，中国农村贫困人口的分布特征和致贫因素发生了显著变化，传统意义上政府主导的扶贫开发模式难以适应新时期的减贫需求，面对新的减贫机遇与挑战，政府主导的多元参与的贫困治理格局逐渐出现并形成。

党的十八大以来，以中共中央总书记习近平为核心的党中央将扶贫开发摆到治国理政的重要位置，将其提升到事关全面建成小康社会、实现第一个百年奋斗目标的新高度，纳入经济社会发展全局进行决策部署。中共中央总书记习近平多次强调，扶贫开发是全党全社会的共同责任，要动员和凝聚全社会力量的广泛参与。要坚持专项扶贫、行业扶贫、社会扶贫等多方力量与多种举措有机结合和互为支撑的“三位一体”大扶贫格局，强化举措，扩大成果。② 减贫目标的实现是专项扶贫、行业扶贫、社会扶贫共同作用的结果，各级党委政府在不断加大扶贫开发力度的同时，也要动员更加广泛的社会力量参与扶贫开发工作。

---

① 黄承伟：《一诺千金：新时代中国脱贫攻坚的理论思考》，广西人民出版社，2019，第 33 页。

② 黄承伟、燕连福：《新时代脱贫攻坚前沿问题研究》，人民出版社，2021，第 41 页。

为实现新时期的减贫目标,中国政府对贫困治理进行了系统化的制度设计和政策创新,改变了传统的单一主体的单向度与“外水漫灌式”的减贫方式,实现扶贫资源的多元供给。一是与传统的单一的以政府为主导的权力中心不同,贫困治理的主体强调多元化,政府、社会组织、自治组织及参与社会生活的公众等都是主体;二是贫困治理过程是多元主体资源投入并相互协商、协作的过程;三是贫困治理的总体效应是贫困人口减少、贫困程度降低、社会均衡程度提高。① 从扶贫开发到脱贫攻坚,中国的贫困治理从传统“单中心”的政府包办向“多中心”的政府主导下多元主体参与转型,政府从绝对主导者、资源提供者、权力掌握者、具体执行者与实施监督者的角色身份向引导者、协调者、多元主体者的角色转变。② 中国政府通过多元共治的贫困治理格局提升减贫效益,加速减贫进程,实现国家治理体系和治理能力现代化。

二、政府主导扶贫的必要性

政府主导可以概括为政府力量在扶贫开发工作中占据主要的角色与地位。本书回溯中国减贫的历史与探索中国减贫的现实,有利于把握中国减贫的变迁线索,理解中国的扶贫开发事业由政府主导的时代背景与现实必然。概括来说,中国共产党的特质和执政能力是政府主导扶贫的内在决定因素,市场力量、社会力量由于固有的缺陷及发展力量弱小等是政府主导扶

① 向德平、华汛子:《党的十八大以来中国的贫困治理:政策演化与内在逻辑》,《江汉论坛》2018 年第 9 期。

② 莫光辉、陈正文:《脱贫攻坚中的政府角色定位及转型路径——精准扶贫绩效提升机制系列研究之一》,《浙江学刊》2017 年第 1 期。

贫的重要外在因素，中国反贫困的艰巨性、长期性和复杂性是政府主导扶贫的客观必然。从中国的减贫实践可以看出，政府政策制定的合法性和强大的资源调配能力是政府主导扶贫的绝对优势。

（一）中国共产党的特质和执政能力

中国共产党自成立之日起就高度重视并持续关注劳苦大众的利益，致力于扶贫事业并适时推进扶贫重心的转移，中国共产党的特质和执政能力是政府主导扶贫的重要内在因素。

第一，中国的扶贫事业由政府主导是由中国共产党全心全意为人民服务的宗旨决定的。中国共产党自成立起，就把人民的根本利益作为自己的奋斗纲领，全心全意为人民服务，一刻也不脱离群众；一切从人民的利益出发。① 中国共产党始终坚持全心全意为人民服务的宗旨，不同历史时期的党和国家领导人都十分重视扶贫工作。毛泽东同志指出，世界什么问题最大？吃饭问题最大。② 只有把粮食问题解决了，才能提高人民的生活水平。邓小平同志曾说，社会主义的本质是，解放生产力，发展生产力，消灭剥削，消除两极分化，最终达到共同富裕。③ 一方面，共同富裕是社会主义的本质要求和体现；另一方面，共同富裕也是社会主义发展的最终追求。这一根本原则要求中国共产党和政府始终把实现好、发展好最广大人民群众的根本利益作为一切工作的出发点和落脚点，坚持在国家各项事业的建设中促进人的全面发展，做到发展为了人民、发展依靠人民、发展成果由全体人民共享。

---

① 毛泽东：《毛泽东选集（第3卷）》，人民出版社，1991，第14页。
② 毛泽东：《毛泽东早期文稿》，中共中央文献研究室中共湖南省委《毛泽东早期文稿》编辑组编，湖南出版社，1990，第12页。
③ 邓小平：《邓小平文选（第3卷）》，人民出版社，1993，第24页。

党的十八大以来,以习近平同志为核心的党中央将农村贫困人口全部脱贫作为全面建成小康社会的标志性指标,将扶贫开发工作视为党坚持全心全意为人民服务根本宗旨的重要体现,以及党和政府的重要职责。

第二,中国的扶贫事业由政府主导是由中国特色社会主义制度决定的。贫穷不是社会主义。如果贫困地区长期贫困,贫困面貌长期得不到改变,群众生活长期得不到明显改善,就没有体现我国社会主义制度的优越性,那也不是社会主义。消除贫困、实现共同富裕不仅是社会主义的本质要求,而且也是社会主义制度优越性的重要体现。中国在贫困治理事业中取得的减贫成果和减贫经验,体现了中国特色社会主义制度的优越性。"邓小平理论""三个代表重要思想""科学发展观""习近平扶贫开发思想"等都将解决贫困问题摆在党和政府工作的重要位置上。①

第三,中国的扶贫事业由政府主导是由中国政府强大的执政能力所决定的。维护社会公益性、促进社会公平分配、保障低收入人群的基本生活,是政府的主要职能之一。② 中华人民共和国成立以来,中国政府通过在经济管理上进行"条""块"等设置,建立了一个强大且直接的国民经济调节系统,提升了自身的调控能力。随着改革开放的不断深入、市场经济迅速壮大,政府的调控能力也在不断增强。为了减少中国农村地区的贫困发生率,政府逐年递增地投入了大量的扶贫资源,如 1994—2000 年中央累计投入专项扶贫资金 1 242 万元,2001—2010 年中央累计投入专项扶贫资金 2 043.8 万

---

① 高飞:《"中国式减贫"40 年:经验、困境与超越》,《山东社会科学》2019 年第 5 期。
② 廖富洲:《农村反贫困中政府主导行为的优势与问题》,《中国党政干部论坛》2004 年第 9 期。

元,2011—2015 年中央累计投入专项扶贫资金 1 879.9 万元。[①] 据《中国网》报道,我国动员、组织、选派了 25.5 万个驻村工作队,300 多万名第一书记和驻村干部、200 万名乡镇干部和数百万村干部投身中国减贫事业。大量资金和人力等资源的投入,彰显了中国政府强大的执政能力,也是中国减贫事业由中国政府主导的重要原因。

(二) 市场、社会力量扶贫的局限性

从中国共产党的特质及执政能力来看,党有能力确保中国特色社会主义建设的各项事业顺利进行。从中国的减贫实践和减贫经验看,除了政府这一主体外,市场力量和社会力量也是中国减贫进程中的重要支持性力量,但这两大力量由于其自身的固有缺陷等难以承担中国减贫的主导重任。

中国的市场力量在改革开放后才逐渐崭露头角。改革开放初期,各类非公有制经济、乡镇企业成为最早带动农村发展的市场力量,中央政府颁布实施的改革、开放的方针政策为乡镇企业的发展带来了诸多机遇,推动了乡镇企业的发展壮大。1978—1987 年,中国乡镇企业的数量从 152.42 万个增加到 1 750.25 万个,农民人均纯收入从 134 元提高到 463 元,提高了 3 倍多。[②] 乡镇企业创造了巨大的社会财富和利润价值,带动了农民的脱贫增

① 周敏慧、陶然:《市场还是政府:评估中国农村减贫政策》,《国际经济评论》2016 年第 6 期。

② 中国乡镇企业年鉴编辑委员会:《中国乡镇企业年鉴—1989》,农业出版社,1990,第 13 页。

收,促进了农村的集体福利事业建设。[①] 此后,中央政府出台了一系列的政策文件支持、指导和规范市场经济的发展。如中国共产党第十三次全国代表大会明确指出"计划和市场内在统一",中国共产党第十四次全国代表大会提出"我国经济体制改革的目标是建立社会主义市场经济体制,市场对资源配置起基础性作用",再从中国共产党第十六次全国代表大会"完善社会主义市场经济体制"到党的十八大"市场在资源配置中起决定性作用"。在中共中央政策文件的指导下,市场力量不断发展壮大。市场经济的不断发展在促进经济增长的同时,资本的逐利性也使得劳动力资源、生产要素资源等从贫困地区向经济发达地区流入,东西部贫富差距进一步拉大。此外,反贫困是一种社会公共物品,具有消费的非竞争性和非排他性,市场的供求、价格、竞争和风险使市场主体具有天然的趋利性,反贫困领域便成为市场失灵的领域。市场经济的自由发展只会扩大地区之间的不平等,国家的主导作用和有效干预十分必要。[②]

在政府、市场和社会三方力量的博弈中,社会力量历来较为微弱。中华人民共和国成立后,为了进一步恢复经济、发展生产,国家以"利用、限制、改造"为基本原则,加强了对私营经济的宏观调控,通过公私合营的方式完成了社会主义改造。1956 年年底,全国私营工业户数的 99%被纳入公私合营。在传统的计划经济体制下,政府作为单一主体承担了公共服务供给。随着社会主义市场经济的深入发展,为满足人民群众不断增长的公共服务需求和化解社会民生问题,我国深化政府治理改革和优化公共服务供给机制,以

① 杨铭、向德平:《从脱贫攻坚到乡村振兴:民营企业的参与历程、特点及走向》,《江西财经大学学报》2022 年第 2 期。

② 沈红:《中国贫困研究的社会学评述》,《社会学研究》2000 年第 2 期。

社会组织为主的社会力量开始崭露头角。[1] 与此同时,学术界一致认为参与扶贫的社会力量是贫困治理主体中的重要一环,其不够强大且固有本质不鲜明,并不能成为中国减贫事业的主导方,如社会组织在扶贫中具有较强的专业性、灵活性、创新性等优势,但也存在着发育不成熟、依附性强、资源匮乏、能力不足等问题。[2] 因此,即便社会力量有着政府力量、市场力量不可比拟的优势,但由于自身固有的本质属性,以及其力量不强,难以主导中国的各项事业,尤其是中国的扶贫开发事业。

(三)中国反贫困的艰巨性和复杂性

按照 2011 年中央扶贫开发工作会议确定的国家扶贫标准,我国的贫困人口数量多、贫困程度深且结构复杂,呈现独特性与复杂性,反贫困任务相当艰巨。

从贫困人口规模来看,中国的贫困人口数量从 1981 年的 73 000 万减少至 2008 年的 9 700 万,贫困人口数量虽有所减少,但基数依然庞大,并且剩余贫困人口有向山区集中的趋势,以边缘化人口为主,脱贫难度大。从区域分布来看,我国区域贫困人口分布严重不均衡,西部地区贫困人口数量显著多于东部地区;贫困区域分布集中,我国 14 个集中连片特困地区具有明显的区域边缘性特点,生态环境脆弱,社会形态特殊,扶贫难度大、成本高。从贫困程度来看,新时期我国的贫困程度相对较小,基本温饱问题已解决,贫困

---

① 王浦劬:《政府向社会力量购买公共服务的改革意蕴论析》,《吉林大学社会科学学报》2015 年第 4 期。

② 向雪琪、林曾:《社会组织扶贫的理论基础与实践空间》,《中南民族大学学报(人文社会科学版)》2017 年第 5 期。

人口因脆弱性产生的可行能力较低等问题凸显。从贫困结构来看，我国的贫困以生存性贫困为本质，主要表现在能力贫困、经济贫困、人文贫困、知识贫困、权利贫困等各个层面，以一种复合的形式呈现。从致贫因素来看，除了制度安排、经济发展水平、自然环境等传统致贫因素外，随着中国扶贫开发进程的不断深入，个体性致贫因素凸显，与传统的致贫因素交织在一起，使农村的致贫因素变得更加复杂。

综上所述，中国贫困人口基数大且集中在连片特困地区，贫困结构复杂。同时，随着减贫事业的不断推进，相对贫困、贫困脆弱性等制约减贫成效持续性和均衡性的深层次问题凸显，中国反贫困呈现艰巨性和复杂性等特点，给减贫工作带来了巨大挑战，客观上要求在政府主导的前提下，广泛动员全社会参与减贫行动。

三、政府主导扶贫的优势

自有政府以来，社会秩序的保障和供给一直是政府存在的基本意义，一方面这是社会存在和发展的根本需要，另一方面是人们对政府寄托的期望。① 政府能够作为社会秩序的主要承担者，是因为其具有其他组织不可比拟的优势：一是政府政策制定的合法性优势；二是政府具有强大的资源调配能力。反贫困作为政府社会秩序及公共服务供给的重要事项，与政府的上述优势紧密相关。

① 张康之：《论政府的社会秩序供给》，《东南学术》2001 年第 6 期。

（一）政府的合法性优势

合法性(Legitimacy)一词发端于政治学领域，最早由马克斯·韦伯(Max Weber)提出，用来阐释“统治的正当性”。[①] 在舒曼(Schumann)、斯科特(Scott)等人看来，合法性的内涵最少包含三个方面：一是正式的规制，即符合来自政府、协会等公共权力机构的法律、规章和制度；二是非正式规范，即符合来自社会的价值、道德、风俗和习惯；三是公众认知，即公众对组织存在合理性及追求目标手段正当性的普遍认知。[②] 与其他的组织机构相比，政府的合法性更加广泛，同时具备其他组织机构所不具备的权力，如制定政策和法规的权力。政府的合法性优势为中国政府参与并主导减贫事业奠定了基础。

目前，学界普遍认同经济增长是中国大规模减贫的推动力量，特别是农村的经济增长，这得益于中国一系列改革开放的措施、持续的人力和物质资本积累，以及不断的技术进步。[③] 中国政府通过制定减贫战略和一系列的减贫政策，从生产能力、市场参与、缓解脆弱性等方面提升了农村地区贫困农户经济增长的机会和能力，促进了中国农村减贫的进程。[④]

纵观中国特色的扶贫开发道路，我们可以发现中国在反贫困领域的制度建设可谓蔚为大观。与中国反贫困密切相关的制度安排中，家庭联产承包责任制和消除城乡隔离的各类制度应该是影响最大的。20 世纪 70 年代，

---

① 马克斯·韦伯：《经济与社会》，林荣远译，商务印书馆，1997，第 41 页。

② Suchman MC：“Managing Legitimacy：strategic and institutional approaches，” *Academy of Managemengt Review* 20，no. 3 (1995)：571－610.

③ 汪三贵：《在发展中战胜贫困——对中国 30 年大规模减贫经验的总结与评价》，《管理世界》2008 年第 11 期。

④ 张伟宾、汪三贵：《扶贫政策、收入分配与中国农村减贫》，《农业经济问题》2013 年第 2 期。

家庭联产承包责任制的实施使得农民拥有了经营自主权，生产的积极性和劳动生产率大为提高，农业生产和农村经济得到了快速发展。从1980年到1985年，短短五年时间，中国的粮食产量增长了19.1%，棉花产量增长了50%，油料产量增长了一倍多，农民收入更是提高了近四倍。① 在实施家庭联产承包责任制的同时，乡镇企业的发展激发了乡村活力，资本、劳动力进一步向城镇转移，城乡差距逐渐缩小，农村经济体制改革对农村的快速脱贫起了关键作用。②

关于政府的扶贫政策能够促进农村发展和贫困减少的原因，学界普遍认为是政府以公共投资的方式，即通过农业生产投资、基础设施建设投资、农村教育投资等方式来促进贫困地区的发展。因为农业生产仍然是农村贫困人口增加收入和发展生产的首要途径，而政府在农业研发、农村教育、基础设施建设等方面的投资对中国农村经济增长、减少贫困和地区不均等方面有着重要的影响。③ 此外，在不同的减贫阶段，中国政府有针对性地制定了扶贫开发政策，如《国家八七扶贫攻坚计划(1994—2000年)》《中国农村扶贫开发纲要(2001—2010年)》《中国农村扶贫开发纲要(2011—2020年)》等。这些政策对中国农村的扶贫开发工作产生了较为重要的作用。

（二）政府的资源调配能力

国家能力的重要构成要素包括资源动员和调配能力，这也是国家自身

① 中国乡镇企业年鉴编辑委员会：《中国乡镇企业年鉴—1989》，农业出版社，1990，第32页。
② 赵康杰、景普秋：《新中国70年城乡互动与城乡一体化演进——基于对外开放视角》，《南开学报(哲学社会科学版)》2019年第4期。
③ 林伯强：《中国的政府公共支出与减贫政策》，《经济研究》2005年第1期。

主体性与组织职能实现的基础。中华人民共和国成立以来，中国共产党通过社会控制机制、资源配置机制、国家认同机制这三种途径，形成了强大的统配整合能力，并且在人均收入水平较低的情况下快速推进工业化进程，在短期内建立起较为完整的工业经济体系。①

得益于中国集中力量办大事的资源调配能力，中国的扶贫开发进程显著加快。2020 年，中国如期打赢脱贫攻坚战，现行标准下农村贫困人口全部脱贫，贫困县全部摘帽，消除了绝对贫困和区域性整体贫困。这种较强的资源调配能力显见于国家对扶贫资源投入的增幅上。以扶贫资金资源为例，2012—2020 年我国中央财政专项扶贫资金投入 6 896 亿元，其中，2015—2019 年，中央财政专项扶贫资金从 461 亿元增加到 1 261 亿元，每年净增 200 亿元，累计投入 4 305 亿元。2020 年，中央财政专项扶贫资金增至 1 461 亿元。② 从中国政府对中国农村地区的扶贫资金投入情况及其影响可以看出，中国政府超强的资源调配能力极大地促进了中国减贫事业的发展。

中国政府的扶贫资金投入在促进农村发展、减缓农村贫困方面采取了多种途径，包括直接途径和间接途径。直接途径通过提供基础设施、农业生产等转移支付的方式增加贫困人口的收入，或者增加社会保障支出来减少贫困人口的生活成本；间接途径通过各种扶贫项目提高贫困人口的人力资本水平，改善其健康状况，减轻能力贫困。③ 在扶贫资金投放绩效上，中央财

① 陆汉文、梁爱友、彭堂超：《政府市场社会大扶贫格局》，湖南人民出版社，2018，第 37 页。

② 资料来源：据《中国减贫四十年：驱动力量、借鉴意义和未来政策方向》整理。

③ 罗知：《地方财政支出与益贫式经济增长——基于中国省际数据的经验研究》，《武汉大学学报（哲学社会科学版）》2011 年第 3 期。

政扶贫资金、信贷扶贫资金和以工代赈资金对农村的减贫效果显著，其中以工代赈资金对减贫的贡献最大。①

四、政府主导扶贫的方式

国家为了实现自身所代表阶级、阶层的利益，通常会以明文规定的形式，对经济和社会发展的全局进行引导，具体来说，包括宏观层面的战略规划和中观层面的政策规定。

（一）制定扶贫战略规划

中国政府扶贫济困的历史可追溯至中华人民共和国成立初期。面对一穷二白的国情，中国政府通过行政手段对社会资源进行统一调配，实行计划经济体制。这一时期，由于中国总体的经济发展水平较低，政府通过社会整合和社会动员的方式，对社会资源进行了有效控制，扶贫工作基本由政府主导开展。20 世纪 50 年代到 70 年代中期，政府在改善农村基础设施、基础教育、合作医疗和社会保障等方面加强了政策支持，在一定程度上缓解了农村的贫困状况。这一阶段中国的扶贫工作是按照平均主义原则来配置社会资源、提供社会福利的。如农村的“五保”供养制度、特困户救济和救灾制度等社会保障制度，都是依托人民公社集体经济来设立的。农村的合作医疗体制也是以集体和个人相结合的形式，形成了公社卫生院、生产大队医疗站相

① 姜爱华：《我国政府开发式扶贫资金投放效果的实证分析》，《中央财经大学学报》2008 年第 2 期。

结合的医卫网络。① 农村的普遍贫困问题在国家包揽的大量集体主义福利救济活动下得到了一定程度的缓解。

中国真正意义上的扶贫战略始于1986年中共中央、国务院印发的《关于1986年农村工作的部署》(以下简称"1986年中央1号文件"),其中提出从"七五"计划开始,增加农业投资、水利投资,要切实帮助贫困地区逐步改变落后面貌。同时,国务院和有关省、自治区都要建立贫困地区经济开发领导小组,其基本任务是拟定贫困地区经济开发的方针、政策和规划,调查研究并协调解决开发建设中的重要问题。1987年,国务院在《关于加强贫困地区经济开发工作的通知》中指出要彻底改变单纯救济的扶贫办法,实行新的经济开发方式,争取在"七五"期间解决大多数贫困地区人民的温饱问题。1994年,国务院制定和发布的《国家八七扶贫攻坚计划(1994—2000年)》,确定了1994—2000年的扶贫目标和任务是集中人力、物力、财力,动员社会各界力量,解决中国农村8 000万贫困人口的温饱问题。1996年,《中共中央、国务院关于尽快解决农村贫困人口温饱问题的决定》进一步指出打好脱贫攻坚战的措施是增加扶贫投入、安排大型开发项目、提高扶贫资金使用效益、组织实施对口帮扶等。该文件的发布进一步完善了扶贫战略。

在扶贫战略的指导下,扶贫开发工作被摆到了越来越重要的位置,越来越多的财政资金被用于中国农村的扶贫工作。从扶贫资金的来源看,我国的扶贫资金主要来自国家的财政扶贫资金、银行的扶贫贷款、"三西"专项建设资金、地方政府配套扶贫资金、社会各界援助、海外资金援助和捐赠等。②

① 张磊:《中国扶贫开发历程(1949—2005年)》,中国财政经济出版社,2007,第15页。
② 李含琳、韩坚:《中国扶贫资金来源结构及使用方式研究》,《农业经济问题》1998年第4期。

从扶贫资金的投入占比来看，1986—2000 年中央和地方政府投入扶贫资金 1 743 亿元，占各类扶贫资源总数的 75%，2001—2010 年，中央专项扶贫资金累计投入 2 043.8 亿元，占各类扶贫资源总数的 72%，2011—2015 年中央累计投入专项扶贫资金 1 879.9 万元。2016 年，按照精准扶贫、精准脱贫的相关要求，中央财政安排拨付专项扶贫资金 660.95 亿元，比 2015 年增长了 43.4%。①

扶贫战略的制定为中国的扶贫开发工作指明了方向，对中国取得举世瞩目的减贫成就做出了巨大贡献。中国政府通过战略手段引导扶贫资源向贫困地区、落后地区转移，为中国的扶贫开发工作提供了科学、合理的导向。

（二）完善扶贫政策体系

社会政策是指国家通过再分配手段为弱势群体提供服务和福利，社会政策将市场经济中的较低竞争能力者或弱势人群作为服务对象，其在诞生之初，便将消除贫困作为基本目标。② 中观层面的社会政策是宏观层面国家战略布局的实施，是达到国家减贫目标的原则和路径。

在中国大规模开发式扶贫阶段，政府通过利用农村资源和改善农村的基础设施建设等方式，将农村发展与农村贫困家庭劳动和发展能力结合起来，在农村减贫工作中产生了巨大的作用。在国家的反贫困战略中，中观层面的经济和财税政策对贫困人口相对集中、致贫原因普遍类似的区域产生的作用明显。对生活在自然环境恶劣地区的特困人口，以及残疾人和因疾

① 数据来源：根据财政部、国家统计局历年数据整理所得。

② 向德平、黄承伟：《中国反贫困发展报告—社会组织参与扶贫专题》，华中科技大学出版社，2016，第 12 页。

病、教育、突发性情况致贫的人群来说,他们更需要政府救助,需要具有针对性和预防性的反贫困政策。

2011 年,中共中央、国务院印发的《纲要》指出,到 2020 年,稳定实现扶贫对象"不愁吃、不愁穿,保障其义务教育、基本医疗和住房"的减贫目标任务。在具体的实施中,政府通过"五个一批"具体政策来实现,即"发展生产脱贫一批、易地搬迁脱贫一批、生态补偿脱贫一批、发展教育脱贫一批、社会保障兜底一批"。

在提出"五个一批"之前,中国曾尝试通过生态移民、易地搬迁、提升教育水平等方式改善贫困状况,有关部门也出台了配套政策,但在具体的实践中,并未形成体系化、制度化的手段。2013 年,中共中央总书记习近平在湖南湘西十八洞村考察时提出,扶贫要实事求是,因地制宜。2015 年 11 月 27 日,中共中央总书记习近平在中央扶贫开发工作会议上发表重要讲话,全面论述了扶贫开发重大问题,系统阐述了实施"五个一批""六个精准"重要思想,解决"扶持谁、谁来扶、怎么扶、如何退"的问题。精准扶贫政策体系包括:产业扶贫和转移就业扶贫,着眼于提升贫困农户的增收能力;易地搬迁扶贫,帮助贫困农户"挪穷窝";教育扶贫,遏制贫困的代际传递;救济式扶贫和健康扶贫,织牢社会兜底网;生态扶贫和资产收益扶贫,探索脱贫致富的新路径;完善贫困治理体制和机制,凝聚精准扶贫的强大合力。①

中国政府针对中国农村贫困人群的特征、致贫因素和主要风险,进一步完善了社会政策体系,逐步形成了一个由普遍性医疗保障制度、普惠型社会

① 陆汉文、黄承伟:《中国精准扶贫发展报告—精准扶贫战略与政策体系》,社会科学文献出版社,2016,第 14 页。

福利、选择性社会救助及开发式反贫困政策组成的政策体系，①改善贫困人口的福利状况，增强其应对各类社会风险的能力。

（三）实施专项扶贫方案

从发达国家和地区的减贫实践来看，其减贫经验是将减贫纳入国家治理体系，通过构建社会福利制度、实施分类救助的特殊帮扶政策，提高贫困人口的人力资本水平并强化脱贫能力，同时制定落后地区的区域发展政策促进减贫。② 由于中国贫困成因的多元性和贫困区域的复杂性，一般性的经济发展对贫困人口的带动能力是有限的；通过制定和实施有针对性的专项减贫方案，能够更为直接地改善贫困地区、贫困社区和贫困人口所处的外部环境。在中国的扶贫开发实践中，中国政府主导并实施的专项扶贫模式逐渐成熟和完善，成为推动贫困人口脱贫增收的主导力量。

自实施八七扶贫攻坚战以来，中国政府通过易地搬迁扶贫、整村推进、以工代赈、产业扶贫、就业促进、革命老区建设、"雨露计划"等专项扶贫工作，对集中连片特困地区进行综合治理，推动集中连片特困地区经济、社会、文化、生态的全面发展，对中国反贫困事业做出了巨大的贡献。新时期在精准扶贫、精准脱贫的理念指引下，政府主导下的专项扶贫模式不断丰富和发展，电商扶贫、金融扶贫、消费扶贫、光伏扶贫、旅游扶贫等新的专项扶贫模式较好地适应了新时期贫困治理的形势与特点，取得了良好的减贫

---

① 徐月宾、刘凤芹、张秀兰：《中国农村反贫困政策的反思——从社会救助向社会保护转变》，《中国社会科学》2007 年第 3 期。

② 叶兴庆、殷浩栋：《发达国家和地区的减贫经验及启示》，《西北师大学报（社会科学版）》2020 年第 4 期。

绩效。

中国政府实施的专项扶贫方案，注重将脱贫致富与地方发展、贫困人口能力提升相结合，帮扶对象从贫困地区到贫困县到贫困农户，从区域瞄准向农户个体瞄准调整，提高了扶贫资源的有效配置率，专项扶贫的效应不断扩散。

（四）构建多元扶贫格局

随着减贫实践的不断推进与减贫进程的不断深入，中国农村的贫困问题在新时期呈现区域发展不平衡、城乡差距加大、扶贫成效降低、扶贫益贫不强等新问题，贫困状况变得更加复杂。在新的减贫形势下，扶贫开发的制度与机制都要有所创新，才能提高扶贫成效，实现脱贫目标。2014 年，中共中央、国务院陆续发布了《关于创新机制扎实推进农村扶贫开发工作的意见》《关于进一步动员社会各方面力量参与扶贫开发的意见》等文件，支持市场组织、社会团体、基金会、民办非企业单位等各类组织积极从事扶贫开发事业，鼓励其创新帮扶形式，利用市场机制、社会机制的活力，辐射带动贫困地区、贫困人口脱贫致富。

构建多元主体协同治理的大扶贫格局，从扶贫主体来看，政府不再是单一的扶贫主体，还包括机关事业单位、企业、社会组织、社会团体、干部职工、社会公众等众多力量。多元主体的大扶贫格局通过分工协作的治理网络更好地发挥政府、市场、社会机制的不同优势。从扶贫目标来看，政府主导下的多元主体扶贫格局追求贫困程度的降低、共同富裕的实现。市场力量、社会力量的参与更有利于发挥贫困地区经济增长、产业发展、社会培育等多维度的综合减贫效应。从扶贫手段来看，市场、社会各方力量在政府的引导下,以平等合作的姿态参与扶贫开发,可以更有效地利用市场化、社会化机制,激发贫困地区的内生脱贫动力,变“输血式”扶贫为“造血式”扶贫,增强脱贫的可持续性。

纵观中国改革开放以来的减贫实践与减贫成就,可知中国经济的快速发展、中国扶贫战略与扶贫政策的实施得益于中国构建了在政府主导下的多元社会力量参与的大扶贫格局。针对不同地区贫困群体多元化和差异化的发展需求,中国政府引入市场力量和社会力量,借助多方力量、动员多元主体,创新扶贫体制机制,形成了多层次的治理结构,实现了贫困地区的脱贫致富。

第五章
社会参与

社会扶贫是指社会个人及社会组织等多元扶贫主体对贫困人口和社会弱势群体所提供的救助、开发和社会服务活动。社会扶贫作为一种具有中国本土特色的扶贫模式,与专项扶贫、行业扶贫构成了中国扶贫开发的大扶贫格局。经过社会各界多年共同的努力,我国的扶贫开发不断创新减贫模式,总结减贫经验,为脱贫攻坚战的胜利做出了重要贡献。本章从社会力量参与扶贫的背景、社会扶贫行动的构成、不同行动主体的减贫行动、经验总结四个方面介绍我国社会力量参与减贫的情况。

一、社会力量参与扶贫的背景

社会扶贫有广义和狭义之分。广义的社会扶贫是指政府专职扶贫开发机构以外的所有扶贫主体从事的扶贫开发工作。我国社会扶贫的发展经历了内生性、外生性和制度性三个阶段。1987 年以前的社会扶贫属于内生性扶贫阶段,以政府扶贫为主。政府主导扶贫工作,社会扶贫主体自发开展扶贫行动。1987—2000 年的社会扶贫属于外生性扶贫阶段。这一阶段,党政机关、社会组织、企业开展的扶贫活动重在执行和完成政府布置的扶贫任务。进入 21 世纪,社会扶贫进入制度性发展阶段,强调扶贫主体要履行社会责任,扶贫工作成为企业、社会组织及个人等主体承担社会责任的重要内容之一。①

狭义的社会扶贫是指民间组织、企业和社会公众在中国境内对贫穷的人和社会弱势群体所提供的各种救助、开发及社会服务活动,可以弥补政府扶贫工作的不足,满足贫困人口的合理需求,优化已有的贫困治理结构,统合各种扶贫资源,最大限度地发挥各扶贫主体的综合优势,推进贫困治理体制的创新。本章研究的扶贫便是狭义上的社会扶贫。本章着眼于我国社会扶贫行动的背景,从理论背景、实践背景、政策背景方面简要阐述我国社会扶贫在脱贫攻坚行动中出现的必然性与必要性。

(一) 理论背景

中国共产党第十八届中央委员会第三次全体会议(以下简称"党的十八届三中全会")提出,要创新社会治理体制,推进国家治理体系和治理能力现代化,确保社会既充满活力又安定有序。"社会治理"一词随即被广泛应用于各个领域。从社会治理的角度看,贫困治理属于社会治理的有机组成部分。有效的贫困治理可以促进贫困地区经济、社会的发展,预防缓解各种社会矛盾的发生,在消除贫困、推动国家治理现代化中发挥着重要作用。社会治理理论对我国贫困治理工作具有重要的指导意义。人们将社会治理理论

---

① 向德平、刘风:《价值理性与工具理性的统一:社会扶贫主体参与贫困治理的策略》,《江苏社会科学》2018 年第 2 期。

运用于贫困治理领域,从治理主体、治理过程和治理效果等方面重新审视已有的减贫工作。一是贫困治理强调多元主体的协同参与。贫困治理不是单一政府主体的责任,更突出社会力量的扶贫效能,强调构建政府、市场组织、社会组织、大众多主体合作的网络结构。多元主体参与贫困治理的理念是将治理理论运用于贫困治理领域而形成的核心理念。二是贫困治理的过程是多元行动主体资源投入并协商与协作的过程。贫困治理认为减贫行动不是单纯的政府力量与资源强制输入的政治行动,也不是单纯提升经济收入的经济行动,而是超越已有合作型反贫困模式,嵌入贫困地域社会关系网络中的社会行动。在减贫行动中,贫困治理强调各相关利益主体之间的合作,强调减贫行动主体之间的紧密联系与深度嵌入。在贫困治理过程中,政府、企业和民间组织等行动主体加强合作,增加贫困人口的经济机会、促进赋权和加强安全保障,形成持续性的减贫动力,提升减贫效果。三是贫困治理的总体效应是减少贫困人口及降低他们的贫困程度,提高社会均衡程度,有效提高贫困治理效率。除了对不同贫困群体采用不同的扶贫战略措施外,减贫工作还应关注区域之间贫困表现与程度的差异性,根据当地多维贫困的特点和状况,采取有针对性的扶贫政策和措施。

社会扶贫的完善与发展有利于推动多元主体参与贫困治理行动,凝聚大量的社会资源投入减贫行动,改善贫困治理行动中主要依靠政府扶贫力量与资源的困境。社会扶贫是对我国贫困治理行动中以政府扶贫为主导的扶贫模式的有力补充。因此,从社会治理理论的角度来看,推进社会扶贫、促进社会参与对拓展贫困治理主体力量、提升贫困治理能力、增强贫困治理效果具有重要作用。从这一角度来说,社会扶贫制度的产生、发展与社会治理理论的内涵高度契合。社会治理理论为社会扶贫制度的完善与发展提供了重要的理论指导。

（二）实践背景

贫困是一个动态的发展过程。由于经济发展的区域不平衡性和贫困标准线的调整,我国贫困人口数量有所变化,贫困人口分布呈现“大分散、小集中”的趋势。脱贫攻坚时期,我国绝对贫困人口主要分布在集中连片特困地区。然而,有关政策及制度安排难以全面有效回应和解决连片特困地区的脆弱性、不均衡性和经济增长扶贫效应下降等问题。有关贫困治理政策的内卷化特征导致减贫效率降低,政策制度设置施行的实践困境,导致扶贫效果不佳。在当前社会转型过程中,经济发展与社会发展的不平衡,经济增长速度下降与资源分配不公平导致贫困人口的受益比重下降、增加收入的机会减少,贫富两极分化现象严重,贫困人口的主观幸福感较弱。基于社会分层与社会排斥视角的相对贫困逐渐取代绝对贫困的社会问题突出,贫困人口返贫现象时有发生,贫困代际传递性增强。各种社会矛盾逐步呈现,给新时期的贫困治理工作带来了较大压力。在致贫因素多元化、贫困群体流动性增强、各种类型风险并存的情况下,现行的贫困治理机制发挥作用的空间受到极大限制。这促使贫困治理理论和实践机制不断调整和完善,以满足当前我国贫困治理的需要。

我国大扶贫格局构建中存在一定的局限性。专项扶贫、行业扶贫及社会扶贫构成了我国大扶贫格局。但是当前我国贫困治理工作中对社会扶贫的重视程度不够,并未充分发挥社会扶贫的真实效应。专项扶贫与行业扶贫更多关注的是普遍性的贫困问题,存在相关扶贫政策的针对性不足和扶贫措施较为单一等问题。因此,我国以往的扶贫政策更多的是面向普遍性致贫原因所设计的,并未有针对性地惠及需求各异的贫困户及贫困地区,无法满足贫困群体的各种异质性需求。如在专项扶贫中,政府可以运用自身的行政权力,动员充足的扶贫资源,在短时间内集中使用,以帮助贫困地区实现脱贫目标。但这种方式容易忽略贫困地区致贫因素的复杂性,倾向于短期性的经济扶助行为,将扶贫工作简单化,缺乏持续性,进而导致扶贫资源传递效率不高、扶贫行动的公平程度降低、益贫性有限等问题。政府在扶贫资源的传递过程中,难以直接对接贫困户,需要借助基层自治组织的力量。然而从现有的基层政治生态来看,基层组织在分配政策资源的过程中,往往掺杂着自身的主体意志,这就导致了部分真正贫困的人口,难以被扶贫政策所覆盖,扶贫资金使用效率和公平程度不高,极大影响了贫困人口参与脱贫发展的积极性,不利于提升贫困治理的效率。因此,在政府扶贫的边际效应逐渐下降,贫困治理环境日趋复杂的情况下,构建多元主体协作与沟通的社会扶贫机制显得格外重要。①

(三) 政策背景

我国的扶贫由政府扶贫和社会扶贫共同组成。从扶贫的实施效果看,这两类扶贫方式有不同的优势和劣势,可以通过合作形成互补。② 随着我国扶贫开发工作的逐步推进,党和国家开始强调动员社会各方面力量参与扶贫,出台多个政策文件强调形成政府、市场、社会协同推进的大扶贫格局。长久以来,政府在扶贫行动中占据重要地位。贫困治理中,政府制定国家经

---

① 苏海、向德平:《社会扶贫的行动特点与路径创新》,《中南民族大学学报(人文社会科学版)》2015 年第 3 期。

② 李周:《社会扶贫的经验、问题与进路》,《求索》2016 年第 11 期。

济社会发展战略并推动实施，为贫困人口脱贫增收营造宏观环境；完善社会政策体系，改善贫困人口的福利状况，增强其应对各类风险的能力；制定和实施有针对性的专项减贫战略，帮助贫困地区、贫困社区和贫困人口改善其所处的外部环境；鼓励市场主体和社会组织参与贫困治理，并且为他们提供指导和支持。但是传统的政府主导的大规模扶贫行动容易产生与贫困地区自身特点结合度不够、片面追求发展规模而忽略减贫质量，以及扶贫资源总量受约束、地区分配不均衡等问题。

相较于政府扶贫，社会扶贫的最大优势是精准程度较高。社会扶贫能够通过参与式需求评估、参与式社区规划、项目自我管理和参与式监测评估等方式，精确瞄准贫困群体的需求，合理运用多元治理手段，着重培养贫困群体的个人能力，提升贫困群体的自信心，实现精准脱贫。① 其中，社会组织是社会扶贫的重要主体之一。社会扶贫中，社会组织具有专业优势，能够介入长期被忽视的领域，为贫困人口提供专业服务，帮助贫困人口重塑生活信心、提升自我发展能力、融入时代发展的大潮。同时，社会组织还具有人才优势。如社会工作服务机构可以通过定点帮扶、对口支援、结对共建等方式帮助贫困地区发展壮大社会工作人才队伍，为贫困地区的贫困治理持续提供专业力量。从政策背景来看，社会扶贫是政府扶贫的重要补充力量，能够弥补政府扶贫的不足，提高贫困治理效率。因此，基于政策的设计与需要，调动市场主体和社会力量参与贫困治理，是国家贫困治理体系成熟与完善的必然路径，即在尊重政府主导地位的同时，促进市场、社会等主体充分参与减贫行动，通过多元主体的协商共治，有效衔接与协调，保证减贫的

① 向德平、刘风：《价值理性与工具理性的统一：社会扶贫主体参与贫困治理的策略》，《江苏社会科学》2018 年第 2 期。

质量与效益。

二、社会扶贫行动的构成

与政府扶贫相比，社会扶贫作为一种新的扶贫模式，在行动目的、行动主体、行动内容、行动资源等方面都具有自身的特点及优势，同其他扶贫方式共同构建大扶贫格局，为确保扶贫开发工作的长效性和科学性提供了坚实的基础。

（一）社会扶贫的行动目的

在工具理性的指引下，如果行动主体的行动过于强调以追求个体主义和自由主义为主的价值观，就难以形成共同性、普适性的问题解决规则。过分追求工具理性容易导致价值上的非理性行为。长期以来，在工具理性的支配下，扶贫手段与方式主要强调从实际效用的角度出发，将扶贫效果好坏作为扶贫手段能否被应用的主要标准。我国扶贫开发过程中呈现的工具理性的特征容易导致行动主体着重将扶贫作为终极目标来追逐，注重经济收入的增长、技术进步和贫困对象经济理性的增强，而忽视在这个过程中提高贫困地区及贫困群体的发展主动性与积极性，忽视我国贫困治理的长效性与均衡性发展。

社会扶贫是我国特色的扶贫开发方式之一，各行动主体注重提高贫困群体的发展主动性，实施符合当地实际需求的贫困治理策略，构建契合当地发展状况的贫困治理机制。在贫困治理实践中，社会扶贫开始关注扶贫行动的价值理性，力求达到工具理性与价值理性的统一。如民间组织作为重要社会扶贫主体之一,更加注重自下而上的贫困治理方式,强调通过扶贫项目的实施,改变贫困对象的思维观念与发展意识,激发其参与发展的积极性,改善贫困群体的生活状况。社会扶贫方式较为关注贫困群体的能力建设,通过调动贫困对象参与的主动性与积极性,培育其自我发展能力,为他们营造良好的发展环境。在社会扶贫项目实践中,社会扶贫行动主体并非简单地将完成扶贫目标作为扶贫行动的终极目标,而是注重建立良好的沟通协作关系,推动多元行动主体主动参与贫困治理实践,形成有效的沟通协作机制。社会扶贫行动的目的不仅是提高贫困群体的收入,而且也注重调适贫困群体之间的发展差异,关注以往经常被忽视的弱势群体的内在发展潜力,构建多方面的保障体系,以促进贫困治理项目的可持续发展。

(二)社会扶贫的行动主体

中国政府始终注重发扬扶贫济困这一传统美德,组织和动员社会力量积极参与扶贫开发,共同推进减贫事业的发展。社会扶贫的行动主体分为三大类型:一是参与东西部协作扶贫的中央单位及各级事业单位,以及军队和武警部队等;二是基于社会责任参与贫困治理的企业;三是非营利性的社会组织和个人。这三类扶贫行动者构成了社会扶贫的重要行动主体,为我国减贫事业做出了重要贡献。

随着我国扶贫开发工作的推进与发展,扶贫开发模式不断创新,社会扶贫内容也不断丰富与完善。基于社会扶贫的各类行动主体,社会扶贫主要有五大类型。第一,定点扶贫。为加大对革命老区、民族地区、边疆地区、贫困地区发展的扶持力度,国家大力开展定点扶贫工作。定点帮扶单位主要包括中央和国家机关各部门各单位、人民团体、参照公务员法管理的事业单位、国有大型骨干企业、国有控股金融机构、国家重点科研院校等，定点帮扶对象为国家扶贫开发工作重点县。随着定点扶贫政策的完善与推进，我国已实现定点帮扶单位对国家扶贫开发工作重点县的全覆盖。定点帮扶单位采取干部挂职、基础设施建设、产业化扶贫、劳务培训和输出、文化教育扶贫、科技扶贫、引资扶贫、生态建设扶贫、医疗卫生扶贫、救灾送温暖等多样化措施开展定点帮扶工作。第二，东西部协作扶贫。东部发达地区与西部贫困地区结对开展扶贫协作是国家为实现共同富裕目标做出的一项制度性安排。自 1996 年开始，我国政府做出部署，安排东部 15 个经济较发达的省、市与西部 11 个省(自治区)开展东西扶贫协作。东西扶贫协作形式多样，形成了政府援助、企业合作、社会帮扶、人才支持为主的基本工作框架。第三，军队和武警部队扶贫。在扶贫过程中，军队和武警部队根据国家和驻地扶贫开发总体规划，发挥优势，主动作为，积极参与实施定点扶贫和整村推进扶贫，支援农田水利、乡村道路、小流域治理等农业农村基础设施建设，开展捐资助学、科技服务和医疗帮扶等活动。第四，民主党派中央机关、全国工商联和无党派人士参与扶贫。如各民主党派中央机关将“发现、研究、解决问题”的思路贯穿扶贫实践的全过程，为政府科学决策、精准施策提供了重要参考。全国工商联立足民营企业的优势，充分利用“万企帮万村”精准扶贫行动品牌工程，引导知名企业投身脱贫攻坚战。无党派人士通过考察团、建言献策专家组、党外院士服务团等载体，直接对接地方需求，开展服务，为定点县如期脱摘帽做出贡献。第五，社会组织、民营企业和个人扶贫。各类社会组织、民营企业和广大公众积极参与扶贫开发，针对特殊困难地区和群众脱贫致富的要求，通过定点帮扶、结对帮扶、实施专项扶贫工程、参与具体扶贫活动等多种形式，支持产业发展，援建基础设施，发展教育卫生，改善生产生活条件,开展生态环境建设。各类组织有效动员有专业技术且致力于扶贫等公益事业的有识之士,开展帮助贫困群众脱贫致富的志愿者活动。民营企业积极履行社会责任,通过捐助资金、招聘劳力、建立产业和培训基地等多种方式参与扶贫开发。

在贫困治理中,单一的扶贫行动主体难以运用足够的知识和资源来独自解决所有问题,需要依赖其他扶贫行动主体并实现多元扶贫主体间的协调与合作,采用不同的治理方法才能有效解决贫困问题。社会扶贫的行动主体是多元化的,在实现贫困地区及贫困人口脱贫发展共同目标的指引下建立合作、协商的伙伴关系,通过互动协商满足贫困地区及贫困群体的发展需求。不同社会扶贫主体可以通过市场化或社会动员的方式为贫困人口提供公共产品和服务。各类社会力量的有效参与能够丰富贫困地区的贫困治理资源,保护贫困对象等社会弱势群体的利益,提升贫困治理的灵活性。

(三)社会扶贫的行动内容

随着我国贫困治理实践的推进与发展,贫困问题已经不能简单地被构建为单一的经济性问题,而要从能力、文化、权力,甚至是自由、平等、公平等角度来理解与构建。从多个不同的侧面与维度来理解贫困问题,贫困绝非一个单一的经济性事实,而是与文化价值、社会结构、政治权力等相关联的一个复杂的总体性存在。从经济层面对贫困内涵进行建构导致解决贫困问题主要从物质财富和货币收入等经济收入层面来解决贫困问题。在这种理念的影响下,以往的扶贫行动强调的是改善硬件设施与提高物质收入水平,一定程度上忽视了贫困治理的社会属性。这些问题集中表现在,传统的扶贫行动以直接投入或引进资金、项目等方式,解决贫困地区的基础设施不完善及产业发展滞后等问题，倾向于物质帮扶内容，而对于贫困地区及贫困群体在精神、文化、教育等方面的扶贫内容涉及较少。这在一定程度上反映了政府自上而下贫困治理模式主要解决的是大多数人的需求，而有特殊需求的贫困群体则容易被边缘化。社会扶贫的多元主体能够依据其自身资源优势与专业化程度，为不同类型的扶贫对象提供更加优质的服务。社会扶贫的行动内容在一定层面上可以缓解政府主导扶贫方式的困境与局限。社会扶贫更加注重从贫困人口的实际需求出发，强调由“输血式”向“造血式”扶贫方式转换，从“物质扶贫”向“精神扶贫”扶贫领域过渡，提升当地贫困群体的自我发展能力。社会扶贫的行动内容从单一的资金项目帮扶发展到向贫困地区及贫困群体传递教育、医疗、技术、信息等扶贫资源，并且更加注重实现互动双赢的效果。

社会扶贫在行动内容方面更加注重调动贫困对象的主动性与积极性，推动贫困对象主动参与贫困治理实践。与传统的扶贫方式相比，社会扶贫更加注重贫困地区及贫困对象发展的特殊需求，在向贫困社区输入资源的同时将贫困对象视作具有潜力的发展主体，也更加注重培育贫困对象的自主发展意识，挖掘贫困对象的自我发展潜力，鼓励贫困对象参加社区决策的全过程。在关注贫困地区经济发展与基础设施条件改善的同时，社会扶贫更加注重贫困社区生态、文化和秩序的可持续发展，强调通过赋予贫困对象更大的选择权和实践权，构建平等的对话机制，发挥贫困对象自身的能动性和主体性地位，通过构建平等的对话机制来实现贫困社区内各利益群体的共同进步和发展。① 在贫困治理过程中，社会扶贫的行动内容更加关注贫困

① 苏海、向德平：《社会扶贫的行动特点与路径创新》，《中南民族大学学报（人文社会科学版）》2015 年第 3 期。

对象实现权利的途径、项目实施过程中贫困对象是否受益及能否调动贫困对象的主动性与积极性。

(四)社会扶贫的行动资源

充足而良好的行动资源是实施社会扶贫的重要基础。在贫困治理实践中,仅仅依靠一种社会资源难以形成良好的社会扶贫发展效应,资源整合成为提高扶贫质量的必然要求。不同类型的社会资源整合方式对社会扶贫有不同影响,会带来不同的扶贫效果。有效整合与利用社会扶贫资源有助于提高社会扶贫的质量与效率。当前,社会扶贫的资源整合模式主要有四种。

1. 政策导向型

在贫困治理实践中,社会资源存在分散与不固定的特征。在扶贫过程中,政府拥有强大的动员与组织能力,主要基于扶贫对象的实际需求,通过扶贫政策与制度将碎片化的资源整合起来。因此,扶贫政策的出台可以为各类社会资源提供整合与凝聚的渠道,同时避免社会资源整合的盲目性。在此基础上,以政府为主导的政策导向型扶贫资源的整合可以凝聚大量的扶贫资源与力量用于扶贫行动。这些社会扶贫资源为推动我国贫困治理实践提供了重要的资源基础。在具体的扶贫实践行动中,政府和社会力量都逐渐重视整合社会资源的作用。各方力量注重围绕贫困地区、贫困群体的发展需求及对其社会爱心帮扶全覆盖的总体要求,不断完善工作体系,逐步创新参与机制,逐渐落实支持政策,进一步促进定点帮扶、东西部协作扶贫、民主党派中央机关、全国工商联和无党派人士参与扶贫,以及民营企业、社会组织和个人参与扶贫,引导更多的社会扶贫资源向贫困地区集聚,并且有效传递到贫困对象手中。这是以政策为导向的社会扶贫资源整合优势的重要体现。以政府为主导的政策导向型扶贫模式能够在整合资金、有效利用资源和扩大资源的覆盖面方面具有强大优势，社会扶贫主体力量则可以借助自身灵活性与专业性的优势弥补政府扶贫的不足。通过多元化的扶贫路径，我们可以进一步整合扶贫资源、拓宽扶贫渠道、壮大扶贫力量，增强社会扶贫效果。

2. 机制倒逼型

扶贫是一项综合性、系统性工程。扶贫资源的整合主要分为两种形式：一是基于脱贫需求而产生的由内而外的资源整合方式，即基于贫困地区及贫困群体主动发出的外部资源介入需求，政府、市场和社会等扶贫主体力量充分考量其脱贫需求，形成具有针对性的资源整合模式，从而达到整合资源实现脱贫的目的。二是由外而内的资源整合方式，即机制倒逼型社会扶贫资源整合模式。该模式首先需要建立起精准识别机制，并且基于扶贫脱贫目的找准资源。扶贫资源的开发利用应首先考量地方的在地优势资源，就近就地利用已有资源。在精准识别机制的作用下，扶贫主体对各方社会资源进行筛选与分析，实现资源的有效整合，选取符合贫困地区及贫困对象需要的资源，提高资源的有效利用率。因此，政府部门通过精准识别社会扶贫资源，找到资源整合的载体，寻找资源使用的帮手，形成资源整合、交换与转化的良性循环模式，建立一整套资源识别、利用、落地机制，实现社会扶贫资源的合理配置。同时，鉴于社会扶贫资源的属性，大多数社会扶贫资源进入扶贫领域是非营利性的，要注重对社会扶贫资源整合全过程的监督，尤其是要对扶贫资金的使用与流向、扶贫物资的发放与使用等加以关注。贫困治理行动也关注扶贫的社会效果，社会扶贫资源具备社会性的特征，全社会都会关注扶贫资源的去向、利用情况和社会效益。社会扶贫资源的管理机制的建立能够倒逼资源的整合、管理与使用,使得他们更加公平、透明和效率化,真正实现社会扶贫资源的有效利用。因此,从这个角度来说,机制倒逼型社会扶贫资源整合模式仍是以政府层面各种机制的出台来倒逼实现资源整合,可以实现对社会扶贫资源最大化的挖掘与争取,监督社会扶贫资源的有效利用。

3. 发展促进型

扶贫不是救助,其作用也不是短期的,而应是发展的、持续性的。没有发展的扶贫行动的效果是难以长久的。发展是一个综合性的过程,仅依靠单一资源无法实现可持续性发展。社会资源分为营利性资源和非营利性资源。因此,要实现贫困地区的发展,需要将营利性和非营利性资源结合起来。在贫困治理实践中,营利性资源追求的是与当地经济发展相结合实现经济收益,非营利性资源则追求实现扶贫的社会效益。我们应寻求两者之间的平衡点,结合贫困地区发展形势整合社会资源,将资源纳入发展体系中,在发展过程中实现社会资源的价值。例如,引导民营企业参与各类农业合作组织的培育和发展,探索企业与农民生产合作、风险共担、利益分享的方式,促进营利性资源与非营利性资源的良好结合。在贫困地区的发展中,我们需要促进社会资源的整合,通过资源整合促进地区发展,再通过发展促进资源的进一步整合,推动资源整合由低级到高级、由简单到复杂、由单一到多元的发展。

4. 内涵催生型

在我国,不同地区的贫困成因各有差异,贫困表现及贫困程度也各有不同。地区贫困不仅有地方自然环境的因素,而且还有贫困对象因自身文化素质较低导致的就业能力不强,自身疾病导致丧失部分或全部劳动能力,因灾、因祸甚至因为子女教育费用多造成的贫困等原因。不同致贫原因所引发的贫困问题对资源整合的要求也有所不同。内涵催生型的社会扶贫资源整合方式是对社会扶贫资源由内而外的整合,针对贫困地区的实际情况及贫困群体的实际需求,更容易被贫困地区及贫困人口所接受。内涵催生型社会扶贫资源整合模式强调资源的整合应与贫困地区的总体发展要求相结合,实现贫困地区及贫困群体的可持续性发展。

在我国贫困治理实践中,贫困地区及贫困群体脱贫发展目标的实现离不开扶贫资源的投入。社会扶贫是我国扶贫开发的重要组成部分,社会扶贫资源整合对增强贫困地区减贫效果具有重要作用。不同的社会扶贫资源整合模式有自身的优势和劣势。我国应优化资源的整合机制,促使相对分散的社会资源更好地适应各种不同的扶贫环境,发挥社会扶贫的真实效用。

三、不同行动主体的减贫行动

我国社会扶贫包括多种不同类型的行动主体参与贫困治理实践活动。依据社会扶贫的行动主体及行动内容,定点扶贫单位、民营企业和社会组织等不同的行动主体是我国社会扶贫的重要实践主体,为推动我国扶贫开发工作取得良好效果做出了重大贡献。本部分将具体阐述不同社会扶贫主体的减贫行动,梳理其参与社会扶贫的特点和优势,呈现不同社会扶贫主体在我国贫困治理实践中的积极行动。

(一) 定点扶贫单位参与减贫行动

定点扶贫是中国特色扶贫开发事业的重要组成部分,也是中国政治优势和制度优势的重要体现。为了加大对革命老区、民族地区、边疆地区、贫困地区的发展扶持力度,定点扶贫逐渐成为重要的社会扶贫方式之一。随着定点扶贫工作的推进,我国实现了定点扶贫单位对国家扶贫开发工作重点县的全覆盖。在推动定点帮扶地区脱贫的同时,也促使定点扶贫单位贴近基层、培养干部、密切党群联系。

在定点扶贫工作中,各定点帮扶单位不断加大对定点帮扶县的投入力度,拓宽工作领域,丰富工作方式和内容,推动了贫困地区的经济、社会、文化、生态文明建设。具体实践中,定点扶贫单位主要通过项目扶持介入,以产业开发为着力点、以企业发展为推手、以结对帮扶为手段等扶贫模式开展定点扶贫工作。随着脱贫攻坚工作的推进,定点扶贫单位不仅在物质帮扶上加大了力度,而且还通过与基层干部的互通互动,帮助定点帮扶地区理清发展思路,提升贫困对象的发展能力。如财政部定点帮扶国家级扶贫开发重点县永胜县的案例,围绕基础设施、产业发展、基础教育、公共民生等方面,制定《财政部加强定点扶贫方案》,构建扶贫工作体系,促使永胜县发生了巨大的变化。①

具体来说,以产业发展为例,财政部在定点帮扶永胜县的过程中,深入地方开展调研,引进产业经济,为永胜县打造“一村一品”示范村。在示范村成立合作社,采取“村党总支部+合作社+贫困户+龙头企业”的模式,通过“合作社生产、企业保护价收购”的方式,实现合作社获得稳定收益的目标,确保贫困户获得投资性收益。为更好地推广和销售当地特色农产品,搭建电商平台打通农副产品销售的“最后一公里”。财政部驻永胜县定点扶贫工

① 资料来源:据《定点帮扶、脱贫攻坚定点帮扶的财政样板——财政部定点帮扶永胜县脱贫攻坚工作纪实》整理。

作队与永胜县、“快手”平台三方展开合作，以短视频和直播的形式助力永胜全域特色农产品的展销。为拓宽产品销售渠道，工作队积极引进阿里、京东、苏宁等电商企业，推动“永胜山货上电商”，运用“互联网＋”助力脱贫攻坚，通过直播等方式进行农产品的品牌推广和销售。① 通过了解永胜县的案例，我们不难发现，随着定点扶贫政策与工作方式的完善，定点扶贫单位从单纯地给钱给物的方式转变为关注自身的优势与当地实际发展需求相结合，找准定点扶贫工作的切入点，急群众所急，解决定点帮扶地区的迫切需求，发挥定点扶贫单位的独特优势。

（二）民营企业参与减贫行动

扶贫开发是全党全社会的共同责任，动员和凝聚全社会力量的广泛参与是我国扶贫开发工作的重要特征。民营企业是我国社会扶贫的主体之一，是脱贫攻坚的重要力量。广大民营企业积极响应政府号召，主动承担社会责任，充分发挥自身优势，通过结对帮扶贫困村和贫困对象，运用产业扶贫、就业扶贫、智力扶贫等多样化的扶贫方式，为打赢脱贫攻坚战提供了重要支持，推动了贫困地区贫困群众的脱贫致富。在脱贫攻坚工作中，全国工商联联合国务院扶贫开发领导小组办公室、中国光彩事业促进会共同发起“万企帮万村”精准扶贫行动，为创造脱贫攻坚的“中国奇迹”做出了积极贡献。全国工商联积极推进“万企帮万村”行动，组织引导民营企业参与其中。截至 2020 年 12 月底，进入“万企帮万村”精准扶贫行动台账管理的民营企业有 12.7 万家，精准帮扶 13.91 万个村(其中建档立卡贫困村 7.32 万个)；产

① 资料来源：据《定点帮扶、脱贫攻坚定点帮扶的财政样板——财政部定点帮扶永胜县脱贫攻坚工作纪实》整理。

业投入 1 105.9 亿元，公益投入 168.64 亿元，安置就业 90.04 万人，接受技能培训的有 130.55 万人，共带动和惠及 1 803.85 万建档立卡贫困人口，取得了良好的政治、经济、社会效益。在“万企帮万村”行动中，广大民营企业多方出击、各显其能，产业扶贫、公益扶贫、就业扶贫、教育扶贫、健康扶贫、生态扶贫全面开花，进一步加快了贫困地区经济社会的全面发展。①

在精准扶贫工作中，民营企业参与扶贫开发的新模式一方面可以避开政府扶贫的短板，另一方面体现了市场主体参与扶贫的独特作用。民营企业可以最大限度地将市场、技术、信息等要素与贫困地区的资源相结合，在贫困地区实施扶贫开发项目，开发地方潜在优势资源并培育特色产业，催生贫困地区的新经济组织，吸纳贫困人口就业，将贫困地区及贫困人口纳入现代产业链条，提高其自我发展能力。如万达集团在对口帮扶丹寨县时探索出“企业包县、整县脱贫”的新模式。万达集团通过投资补短板、丰富旅游产业扶贫内容等，形成了丹寨旅游小镇，包括商业街、温泉酒店、会议中心、扶贫茶园等九大板块。到 2021 年，丹寨旅游小镇累计接待游客超 1 900 万人次，带动全县旅游收入 120 亿元，拉动了 20 个产业和 50 个子行业的发展，带动 5.88 万贫困人口实现增收。苏宁集团首创“苏宁电商扶贫实训店”精准扶贫新模式，“输血造血结合，线上线下联动”，线上打造农产品特色馆，线下落地扶贫实训店，带动贫困户“富了口袋，也富了脑袋”。②这不仅是民营企业参与公益慈善事业，践行企业社会责任的重要体现，而且作为市场主体的民营企业将贫困人口的发展需求与企业发展能力有效结合，满足贫困群体和企业的共同需求，搭建企业与地方互利共赢、多元平衡、高效运行的开放型经

①② 资料来源：据《“万企帮万村”，书写脱贫伟业的民企华章》整理。

济体系，最大限度地优化地方生产要素的资源配置，赋能区域经济可持续发展，创造企业自身社会价值和经济效益的新的实现模式。

（三）社会组织参与减贫行动

社会组织是我国社会主义现代化建设的重要力量，是社会力量参与扶贫的重要载体，能够联结爱心企业、爱心人士的社会帮扶资源与贫困人口的脱贫需求。社会组织参与扶贫开发是我国社会扶贫的重要内容，也是新时期构建政府、市场、社会协同推进大扶贫格局中的重要“一极”。相对政府扶贫而言，社会组织扶贫主要是各类社会组织面向穷人和社会弱势群体提供的各种救助、开发及社会服务活动。其中，民间组织、公益组织、农民合作社等作为社会组织的重要组成部分，在提高社会扶贫成效方面具有重要作用。如山东省潍坊市鸢都义工公益服务中心（以下简称“鸢都公益”）在北黄谷村探索出一条社会组织以“扶贫综合体项目”参与精准扶贫的新路径——“黄谷生机”。该扶贫项目主要面向农村社区综合发展和精准扶贫，从黄谷村的实际发展需求出发，以“提供急需的基本公共服务”为切入点，形成“黄谷希望”“黄谷活力”“黄谷生计”等模块，建构相互支撑的农村“三留守”人员支持网络，从源头上应对“三留守”困局，解决黄谷村发展的困境。“黄谷希望”致力于解决留守儿童的教育问题，开展“四点半课堂”服务项目，联合山东省内各大高校师生为留守儿童提供长期的全职服务，实现扶贫先扶智，扶智从娃娃抓起。“黄谷活力”主要聚焦推动村民自组织建设，引导和协助村民以主体性、组织化的行动参与社区事务，形成一整套标准化、长效化的工作机制，打造一支带不走的服务队。“黄谷生计”致力于提高村民合作行动能力，解决村民增收问题。通过成立以村民为主体的农民专业合作社，动员村民参与,拓展村民增收渠道,解决村民生计问题。[①] 鸢都公益充分整合当地政府、基金会、企业和其他社会资源,坚持社会工作者、社区志愿者、社区社会组织、社区居民委员会和城市社会组织的“五社联动”,培育了一批社区社会组织,形成了保障老弱病残特殊贫困人口有持续且稳定收入的长效机制,有效提高了村民的凝聚力、自信心和幸福感,激发了社区脱贫的内生动力。[②]

民间组织主要包括党政机关职能外溢、转移而形成的行业性社会团体和协会,以及在社会力量中自下而上产生的民间组织。[③] 民间组织在扶贫资金来源、扶贫模式和合作关系上表现出一定的特殊性,进而影响其在社会扶贫中的定位和发展方向。公益组织也是社会扶贫的重要组成部分,公益扶贫生态网络的稳定性、可持续性直接影响社会扶贫的效果。公益组织具有自治、非营利性等特征,以及动员资源广泛性、扶贫方式多样性、救助具有针对性及营造公益慈善文化氛围等优势。公益组织不属于政府机构,是由人民团体组成的在人民与政府间搭建沟通桥梁而形成的官民相融的扶贫共同体,同时对接企业、社会爱心群体等,凝聚大量的扶贫资源,为有需要的群体提供帮扶与支持。[④] 农民合作社是农村的一种经济互助组织,一方面与农民有着天然的联系,另一方面是联结政府与贫困农户的第三方,通过嵌入村落社会而拓展发展的空间,成为联结国家与贫困户的中介组织。在脱贫攻坚时期,农民合作社是精准扶贫、精准脱贫的重要载体,通过做大特色产业,推

① 张玉鹏:《潍坊市民间组织参与农村脱贫攻坚工作的实践研究》,《乡村科技》2021 年第 6 期。

② 资料来源:据《黄谷打造的“扶贫综合体”》整理。

③ 黄承伟、周晶、程水林:《农村贫困治理中民间组织的发展及制约因素分析——以秦巴山片区 4 家草根民间组织的调查为例》,《农村经济》2015 年第 10 期。

④ 谢若彬:《浅析大扶贫格局下公益组织在脱贫问题上的经验优势——以中国青少年发展基金会为例》,《学会》2020 年第 12 期。

进技术进步,发挥益贫功能。同时,农民合作社的性质决定了其可以增强农户在脱贫过程中的拥有感,激发其内生发展动力,增强其自我发展能力,实现可持续性增收与发展。①

四、经验总结

社会扶贫的各个主体在参与扶贫的过程中形成了各具特色的经验,及时总结社会扶贫经验,既能为我国推进乡村振兴提供助力,又可以为世界其他国家提供一套极具中国特色的减贫方案。

(一) 明确行动目的,实现价值理性与工具理性的统一

社会扶贫是我国扶贫开发工作的重要组成部分,明确社会扶贫行动目标是获取良好的社会扶贫效果的重要前提。社会扶贫主体呈现坚持以人为核心的价值理性,是各社会扶贫主体追求社会公平自觉意识的体现。同时,社会扶贫主体也关注社会扶贫行动效果,注重扶贫过程中使用手段的效用,创新社会扶贫模式,衡量社会扶贫的效率。这是社会扶贫主体在扶贫工作中工具理性的体现。

在社会扶贫行动实践中,社会扶贫主体只有做到价值理性与工具理性的统一,才能实现最优的扶贫效果。第一,在贫困治理实践中,以价值理性为引导,发挥社会扶贫主体的社会责任意识。社会扶贫主体坚持乐于奉献、积极投身公益事业,实现社会扶贫主动承担社会责任的价值追求。第二,以

① 柏振忠、李亮:《武陵山片区农民合作社助力精准扶贫研究——以恩施土家族苗族自治州为例》,《中南民族大学学报(人文社会科学版)》2017 年第 5 期。

工具理性为引导,发挥社会扶贫主体的良好扶贫作用。社会扶贫主体坚持从实际效用出发,增强社会适应能力和竞争力的工具性目的,增强社会扶贫的实际效果。第三,坚持价值理性与工具理性的统一,实现社会扶贫主体的最优扶贫效果。在具体扶贫实践行动中,坚持工具理性与价值理性的统一是社会扶贫主体优化贫困治理方式、发挥独特优势的重要策略,也是充分增强贫困治理效果的最优途径。在社会扶贫行动中,要充分发挥社会扶贫主体的作用,既追求价值理性,又重视工具理性,实现价值理性与工具理性的统一,最终达到良好的社会扶贫效果。①

(二)凝聚主体力量,推进多元主体协同参与

贫困治理是政府、市场和社会共同参与的过程,是多元主体资源投入并相互协商与协作的过程。贫困治理主体不应是政府单一主体,而应是政府、市场、社会组织、大众等合作的多元主体。在贫困治理工作中,要坚持多元共治的原则,避免出现三个主体"单独作战"的局面,协调扶贫主体间的角色分工,做到政府主导、市场参与、社会协同,协力打赢脱贫攻坚战。② 其一,从贫困治理的实践成效来看,政府力量在贫困治理中起着突出作用。政府主导是扶贫工作顺利推进的重要政治保障与资源保障。其二,需要利用市场主体力量,发挥市场在扶贫资源配置中的重要作用,提高扶贫资源的有效利用率。其三,广泛挖掘并动员社会力量参与贫困治理有助于构建我国大扶贫格局,可以为扶贫工作提供可持续性资源与支持性力量。在贫困治理中整合多元主体力量,充分发挥政府、市场主体和社会力量等的作用,提升我

①② 向德平、刘风:《价值理性与工具理性的统一:社会扶贫主体参与贫困治理的策略》,《江苏社会科学》2018 年第 2 期。

国贫困治理工作的成效。

从社会扶贫的发展历程及扶贫成效来看,政府主导是社会扶贫可持续发展的保障,有利于推进社会扶贫常态化、规范化和持续化。广泛挖掘与动员社会力量参与是社会扶贫的重要动力。良好的社会扶贫成效的获取离不开多元主体的参与和多样化社会资源的投入。在社会扶贫行动中,我们尤其要注意充分发挥社会组织整合多方资源及自身专业性较强的优势。社会组织在贫困治理实践中可以关注以往扶贫工作中容易被忽视的领域,如精神贫困领域,为贫困人口提供社会关系、能力提升等专业性服务,帮助贫困人口重塑生活信心、提升自我发展能力。同时,在定点扶贫、东西部协作扶贫及民营企业扶贫等社会扶贫方式中,多元主体互动与协作可以为贫困治理提供可持续的补充性力量。我们应构建政府、市场与社会等多元主体协同参与贫困治理的工作机制,让不同社会扶贫主体在扶贫工作中利用好政府政策及扶贫资源,尊重市场规律,发挥市场主体作用,整合社会力量,达到增强社会扶贫效果的目的。

(三)畅通沟通渠道,促进主体间良性互动

推进多元主体协同参与贫困治理,畅通不同扶贫主体间的沟通渠道,形成不同主体间的良性互动关系,有助于整合与凝聚扶贫力量,发挥社会扶贫资源的真实效用,取得良好的扶贫工作成效。在社会扶贫工作中,定点扶贫单位、东西部协作扶贫单位、军队和武警部队、民营企业、社会组织及爱心人士个体等都是重要的社会扶贫主体力量。

第一,我国要畅通不同社会扶贫主体与政府、市场的沟通渠道,推动多元主体间形成良好的互动关系。基于良性的互动关系,不同社会扶贫主体

可以有效利用政府扶贫资源,在贫困地区及贫困群体的发展需求与市场主体的扶贫资源之间建立起联系,为贫困地区及贫困群众的发展提供充足的资源支持。例如,在贫困治理工作中,政府组织与社会组织是相互补充的,构建政府与社会组织间良好的互动关系,实现政府组织与社会组织间的相互信任与互相支持,能够有效发挥两者各自的优势和作用,构建大扶贫格局。[①] 对政府主体来说,要信任社会组织,给予社会组织参与贫困治理工作的空间,为社会组织参与扶贫创造适宜的宏观政策环境;同时,要鼓励社会组织创新,在社会组织创新或试错的基础上,对相应的探索进行研判并对成功的探索进行推广。以此作为决策依据,政府可以出台更贴合社会组织发展需求的政策。对社会组织来说,要信任政府,加强自律,提高社会公信力,自觉接受政府的监管。构建良好的政府与社会组织间合作互动关系,既可以充分发挥社会组织的作用,又能得到社会的普遍认可。在此背景下,社会组织才能持续生存发展下去,充分发挥自身的扶贫效应。

第二,畅通不同社会扶贫主体间的沟通渠道,形成不同社会扶贫主体间的良性互动关系。不同的社会扶贫方式是相互关联的。在定点扶贫及东西部协作扶贫中,扶贫主体可以广泛吸纳市场主体的参与,发展出企业协作、产业扶贫、投资促进及劳务合作等多种扶贫形式。同时,扶贫主体还需要吸纳社会团体、民间组织、社会公众等实施项目帮扶和志愿服务等多种社会扶贫形式。我国应加强不同社会扶贫主体间的沟通与联系,发挥多元社会扶贫力量特有的人才、资金、资源、组织等优势,激发社会扶贫的活力。

---

① 李周:《社会扶贫的经验、问题与进路》,《求索》2016 年第 1 期。

（四）提供政策支持，营造良好的政策环境

在我国多元共治型扶贫政策的推动下，社会扶贫模式不断完善与发展。同时，政府与其他扶贫主体良性合作机制的建立也同样依赖各级政府社会政策法规的引导和规范。① 在贫困治理实践中，我国扶贫工作以政府扶贫为主导，强调政府政策的导向作用。对一些政府扶贫容易忽视的扶贫领域及扶贫事务，可以交由社会组织来做，提高社会组织享有的权利与承担责任的对称性；关注社会组织的发展，促进社会组织间的良性竞争；完善捐款减免税收政策，激发企业和公民的募捐意愿。②

在今后的贫困治理工作中，我国应完善社会扶贫政策的支持体系，建立和完善相应的社会扶贫激励机制，促使各类扶贫主体提高参与其中的主动性与积极性。其一，落实优惠政策。完善国家扶贫公益事业税收优惠政策，按照国家税收法及有关规定，全面落实扶贫捐赠税前扣除、税收减免等政策。其二，提供政策支持。为各类市场主体到贫困地区投资兴业、带动就业增收提供相关支持政策。根据地方实际的发展需求，政府可加大对社会力量承担的扶贫产业与公共服务的购买力度。其三，形成荣誉激励制度。政府部门应定期对社会扶贫先进单位和个人进行表彰，对在社会扶贫工作中表现突出的民营企业、社会组织和个人授予政府荣誉。

社会扶贫作为我国扶贫事业中的重要力量之一，与专项扶贫、行业扶贫构建起互为补充的大扶贫格局，是我国贫困治理的创新性经验。

---

① 苏海、向德平：《社会扶贫的行动特点与路径创新》，《中南民族大学学报（人文社会科学版）》2015 年第 3 期。

② 李周：《社会扶贫的经验、问题与进路》，《求索》2016 年第 1 期。

第六章
精准方略

中国的脱贫攻坚之所以能够取得成功，关键在于始终坚持中共中央总书记习近平提出的精准扶贫方略，按照“六个精准”的基本要求，贯彻落实“五个一批”的扶贫举措，建立了完善的脱贫攻坚工作体系，解决了“扶持谁”“谁来扶”“怎么扶”等一系列问题。同时，以“精准滴灌”的帮扶形式取代了传统的“大水漫灌”，中国通过多举措提升群众发展能力，改变了传统的单纯依靠政府送钱送物的“授鱼”模式，激活了贫困群众的内生动力，增强了贫困群众脱贫致富的信心。

一、精准方略的科学内涵

2013 年 11 月，中共中央总书记习近平在湖南湘西十八洞村考察时首次做出“实事求是、因地制宜、分类指导、精准扶贫”的重要指示。此后，国家出台了一系列关于精准扶贫和精准脱贫的政策文件，对精准扶贫工作进行了顶层设计和总体布局，明确提出了系统性的工作机制，为脱贫攻坚提供了方向引领和行动指南，确保贫困群众实现稳定脱贫。

（一）精准扶贫

精准扶贫是指扶贫政策和措施面向贫困家庭和贫困人口，对他们进行有针对性的帮扶，消除导致他们陷入贫困的各种因素和障碍，增强贫困人口的自主发展能力，激活贫困人口拥有的各类资源，促进贫困人口长期增收、稳定脱贫①。精准扶贫是指通过一定的方式对贫困户进行精准识别，在找出致贫原因的基础上进行精准帮扶，根据扶贫对象的实际状况进行有进有出的动态管理，对贫困户的扶持效果加以考核，以确保贫困人口精准脱贫。

精准识别是精准扶贫的基础环节，是指通过民主、透明、严格、规范的流程和标准将处于贫困线之下的贫困家庭或人口识别出来，即识别出最贫困、最需要政策扶持的对象，找到这些贫困家庭或人口的致贫因素并进行排序和分析，这也是落实精准扶贫方略的关键所在②。精准帮扶是在精准识别的基础上，充分考虑贫困村和贫困人口的实际致贫原因，因户因人施策，设计具有针对性的帮扶措施，消除致贫的关键因素，广泛和集中动员能够使用的各类政策、物资、资金等资源，并且将其投入对贫困人口的帮扶过程，切实改善贫困人口的基本生活和发展能力。精准管理是指运用信息化的管理工具和手段，对所有贫困户和人口登记造册、建档立卡，及时更新贫困家庭的基本状况、致贫原因和帮扶措施等方面的信息，根据贫困状况的变化，动态调整贫困家庭和人口，确保应扶尽扶、应帮尽帮，提高扶贫的有效性。精准考

---

① 汪三贵、郭子豪：《论中国的精准扶贫》，《贵州社会科学》2015 年第 5 期。

② 朱梦冰、李实：《精准扶贫重在精准识别贫困人口——农村低保政策的瞄准效果分析》，《中国社会科学》2017 年第 9 期。

核主要是指针对地方政府及扶贫干部开展的一系列考核和评估工作，是对贫困人口扶持效果的考核，通过制定精细化的考核指标和评估体系，督促贫困地区政府将工作重点放在扶贫和改善民生方面，将之与驻村干部的工作考核相结合，建立有效的奖惩机制，提高帮扶干部的工作积极性。[①]

（二）精准脱贫

2015 年 10 月，党的十八届五中全会发布的《中共中央关于制定国民经济和社会发展第十三个五年规划的建议》提出“实施精准扶贫、精准脱贫”。中共中央总书记习近平系统论述了精准扶贫和精准脱贫的关系。他指出，精准扶贫是为了精准脱贫，目的和手段之间的关系要弄清楚。此后，中共中央总书记习近平专门论述了如何进行精准脱贫：一是要设定时间表，实现有序退出；二是要留出缓冲期，在一定时间内实行摘帽不摘政策；三是要实行严格评估，按照摘帽标准验收；四是要实行逐户销号，做到脱贫到人。

精准脱贫是指对贫困人口的情况进行综合评定后，划定脱贫时间、设定脱贫目标、制订脱贫方案、实施帮扶举措、进行脱贫评估，确保贫困人口可持续稳定脱贫。精准扶贫与精准脱贫存在着多元的辩证关系，具体表现为手段与目标的关系、过程与结果的关系、量变与质变的关系、战术与战略的关系，彼此的有机结合与统一，促进了贫困治理理论的创新与发展。相较于精准扶贫，精准脱贫更加强调脱贫目标的可实现性，要求实现从微观到宏观、从个体到区域的全面脱贫；更加强调脱贫措施的有效性，要构建大扶贫格局，建立“资金、技术、制度、文化”四位一体的帮扶机制；更加注重脱贫对象

① 葛志军、邢成举：《精准扶贫：内涵、实践困境及其原因阐释——基于宁夏银川两个村庄的调查》，《贵州社会科学》2015 年第 5 期。

的认同,重视贫困人口对扶贫工作的获得感、认可度、满意度、幸福感,强调对贫困人口精神文化的提升和内生动力的激活;强调脱贫效果的稳定性,要持续巩固脱贫成果,避免返贫现象的发生,实现贫困人口的科学、有序退出。[①]

(三)精准方略的科学内涵

精准方略是开展精准扶贫和精准脱贫工作的重要思想方法和实践举措,具有丰富的科学内涵,蕴含着强大的思想力量,发挥着重要的治贫效用。第一,在认识论和方法论层面,精准方略强调贵在精准、重在精准,不仅注重扶贫理念和扶贫思想的精准性,而且注重扶贫举措和扶贫路径的精准性。第二,精准方略强调精准扶贫、深挖"穷根",找准致贫因素,通过分析贫困人口的致贫因素,收集他们的需求,对贫困人口进行望闻问切式的"把脉问诊",才能开好处方、对症下药,关注贫困人口最主要的致贫原因,从实际情况出发,做到扶真贫、真扶贫。第三,精准方略强调因人因户施策,聚焦致贫因素,根据不同类型贫困人口的贫困状况,制订有针对性的帮扶方案和措施,既要进行短期性的物质帮扶,又要进行长期性的扶志扶智。第四,精准方略强调激活贫困人口的内生发展动力,注重对贫困人口传统思想意识的革新,以及对贫困人口精神贫困和文化贫困的干预,通过扶贫强调摆脱意识和精神的贫困,激发贫困地区和贫困人口的内生动力,将扶贫与扶志扶智有机结合,引导贫困人口改变"等、靠、要"的思想,真正激发其内在能量,实现其独立自主的发展。第五,精准方略强调构建大扶贫格局,增强扶贫工作的

① 庄天慧、杨帆、曾维忠:《精准扶贫内涵及其与精准脱贫的辩证关系探析》,《内蒙古社会科学(汉文版)》2016年第3期。

体系化、系统性和协调性，注重对全社会力量的广泛动员、科学引导和有效组织，充分发挥政府、市场、社会等多元主体的资源优势，引导多元主体对贫困治理的资金、技术、产业、项目、文化的持续投入，共同帮助贫困人口解决贫困问题，带动贫困人口的脱贫与增收。

精准方略具有体系化的思想架构、科学化的行动措施、创新性的扶贫手段，以及多元化的帮扶主体，成为扶贫工作取得胜利的关键机制和解决贫困人口问题的重要法宝。精准方略的科学内涵，为精准扶贫、精准脱贫工作提供了重要的思想和理论指导，为解决贫困问题提供了有效的实践举措，有力推动了脱贫攻坚战如期胜利的到来，以及数千万贫困人口摆脱绝对贫困的状态。

二、精准方略的理论渊源

习近平扶贫思想是精准扶贫、精准脱贫的根本遵循和思想引领，是脱贫攻坚的重要理论成果和思想体系，是马克思主义理论与中国实践相结合的创新成果。中共中央总书记习近平提出的精准方略，具有深厚的理论渊源和实践基础，主要源于对马克思和恩格斯关于贫困及消除贫困的思想、中国传统的以民为本的思想及中国共产党扶贫思想的承继与创新，共同形塑了具有中国特色的精准扶贫、精准脱贫方略，为如期打赢脱贫攻坚战奠定了思想根基和理论指引。

（一）马克思和恩格斯关于贫困及消除贫困的思想

马克思和恩格斯最早从制度层面关注和分析资本主义贫困的问题。马克思和恩格斯区分并定义了绝对贫困和相对贫困，指出劳动者生产资料的贫困进一步衍生出生活贫困、精神贫困和文化贫困等。他们关于贫困和反贫困的思想不仅确立了中国看待和分析贫困问题的唯物主义立场，而且也指出了消除贫困的根本路径和方向，为当代中国共产党探寻扶贫开发战略提供了重要的思想基础和理论支撑。[①] 马克思和恩格斯的贫困理论科学地阐释了资本主义生产资料私有制是资本主义社会无产阶级贫困的根源，消灭雇佣劳动制度和生产资料私有制是无产阶级消除贫困、实现人的自由而全面发展的根本出路。[②] 以"人的全面发展"为目标的马克思反贫困理论，不仅要求注重对人们物质需求的满足，而且注重对人们精神文化的提升，围绕人的需求和能力进行培训，这意味着既要消除物质性贫困，又要解决精神贫困和文化贫困等问题，从而促进人的全面发展，帮助人们过上美好的生活。

（二）中国传统的以民为本的思想

习近平扶贫思想从我国博大精深的优秀传统文化中汲取了丰富的营养和强大的力量，逐渐形成了具有优秀传统文化内核、弘扬民族精神的思想基因。自古以来，扶危济困是中国传统文化的重要构成部分和内在追求，改善民生也是中国政府的不懈追求和努力方向，这是中国屹立于世界民族之林的文化底气和精神支撑，赓续着中华民族的精神脉络和文化品质，这也是中国传统济贫思想的文化基础。[③] 中国社会注重对"弱者""贫苦者"等弱势群

① 黄承伟：《习近平扶贫思想论纲》，《福建论坛（人文社会科学版）》2018 年第 1 期。

② 邓金钱：《习近平扶贫重要论述的生成逻辑、理论内涵与价值意蕴》，《财经问题研究》2021 年第 1 期。

③ 向德平、刘欣：《溯源与发展：新时代中国精神扶贫思想研究》，《西安交通大学学报（社会科学版）》2020 年第 1 期。

2012 年);成熟时期,新时代脱贫攻坚时期(2012 至今)。①

中共中央总书记习近平提出的精准方略,是对以往中国扶贫理论与思想的继承和创新,指明了打赢脱贫攻坚战的实践路径,具有丰富的时代蕴意。② 第一,精准方略是对传统扶贫开发路径的创新。精准扶贫方略通过"把脉问诊"的方式,对贫困人口的致贫原因进行分析,制定有针对性的扶贫举措,改变了以往"大水漫灌"和"撒胡椒面儿"式的扶贫方式,强调扶贫的精准性。注重创新扶贫方式,通过光伏扶贫、电商扶贫等新型扶贫手段,带动贫困人口增收脱贫。第二,精准方略是对传统扶贫资源使用方式的创新,更加强调对扶贫资源的统筹整合、科学分配和高效使用,重视扶贫资源的使用效率和质量,避免扶贫资源的非理性配置、重复投入和过度浪费。第三,精准方略是对传统扶贫开发管理模式的创新,通过构建精细化的帮扶政策体系、实施体系和责任体系,确保扶贫资源瞄准到村、到户,坚决避免"一刀切"和"平均主义",对贫困人口建档立卡,实施精细化的动态管理,促进贫困人口的有序退出和持续监测,及时发现致贫和返贫情况,并且进行有针对性的帮扶和干预,增强扶贫工作的效果。第四,精准方略是对扶贫考核评估方式的创新,通过扶贫成效评估与扶贫干部工作考核相结合的分类考核和综合性考核等形式,严格督促基层扶贫干部按要求开展扶贫工作,切实提升扶贫工作的成效,杜绝"数字脱贫""被脱贫""假脱贫"等现象的发生,确保扶贫考核评估落到实处、发挥实效。

---

① 闫书华、何虎生:《国内学界关于精准扶贫方略研究述评》,《理论视野》2022 年第 1 期。

② 韩广富、刘心蕊:《习近平精准扶贫精准脱贫方略的时代蕴意》,《理论月刊》2017 年第 12 期。

三、精准方略的本质要求

2015年6月，中共中央总书记习近平在贵州考察时提出“六个精准”要求，这是精准扶贫的本质要求，也是做好精准扶贫工作的关键所在。[①] “六个精准”是习近平精准扶贫思想的关键内涵，[②]其总体要求就是要坚持因人因地施策，因贫困原因施策，因贫困类型施策，对不同的贫困情况，采取有针对性的帮扶措施，以“精准滴灌、靶向治疗”的方式，解决贫困人口的问题，确保扶贫的成效。

（一）扶贫对象精准

中共中央总书记习近平指出，要解决好“扶持谁”的问题，确保把真正的贫困人口识别出来，把贫困人口、贫困程度、致贫原因等搞清楚。推进精准扶贫，要以合理有效的方式准确地找到要扶持的贫困家庭和人口，这也是开展相关扶贫工作的关键和核心。只有精准地找到扶贫对象，才能做到心中有数、工作有方，确保扶贫工作的高效运行。扶持对象精准识别的关键是要做好贫困户、贫困村的建档立卡工作。一要做到“四看”：看房、看粮、看劳动力强不强、看家中有没有读书郎。通过这“四看”精准精细摸清贫困对象的具体状况，如贫困人口的数量与规模、致贫原因和潜在的脱贫条件。二要有针对性地“对症下药”，达至“药到病除”，逐个逐户减少贫困，消除贫根，精准到人。

---

① 汪三贵、刘未：《“六个精准”是精准扶贫的本质要求——习近平精准扶贫系列论述探析》，《毛泽东邓小平理论研究》2016年第1期。

② 汪三贵：《习近平精准扶贫思想的关键内涵》，《人民论坛》2017年第30期。

当前,我国主要采用的是通过总指标控制下的基层民主评议方法来识别贫困人口,即根据国家统计局对贫困人口数的估计,层层将指标分解到省、市(自治区)、县、乡、村,然后在县和乡政府的帮助下,由村"两委"(党支部委员会和村民自治委员会)利用民主评议或指标定量打分的方法将贫困家庭和人口识别出来,对所有贫困家庭和人口建档立卡,将其纳入全国性的扶贫信息系统,并且对每一个贫困家庭的基本人口情况、资源状况、收入来源和致贫原因进行统计,建立贫困人口档案。2013 年 12 月 18 日,中共中央办公厅、国务院办公厅印发了《关于创新机制扎实推进农村扶贫开发工作的意见》,其中强调要"按照县为单位、规模控制、分级负责、精准识别、动态管理的原则,对每个贫困村、贫困户建档立卡,建设全国扶贫信息网络系统"。2014 年 4 月 2 日,国务院扶贫开发领导小组办公室印发的《扶贫开发建档立卡工作方案》进一步明确了建档立卡的对象是贫困户、贫困村、贫困县和连片特困地区,并且对建档立卡的方法、步骤、时间安排和工作要求等做出具体规定。我国通过建档立卡,对贫困户和贫困村进行了精准识别,了解贫困状况,分析致贫原因,摸清帮扶需求,明确帮扶主体,落实帮扶措施,实施动态管理;对贫困县和连片特困地区进行监测和评估,分析掌握扶贫开发工作情况,为扶贫开发决策和考核提供依据。2014 年年底,我国建档立卡工作基本完成。

为防止地方为了获得更多扶贫资源而过分夸大贫困状况,国家将统计部门估计的贫困人口数量分解到地方,同时允许数量上浮 10%,地方政府在指标的控制下进行贫困人口识别。基层在民主评议中通常使用综合性的多维贫困识别标准,既要考虑农户的家庭经济收入和日常消费情况,又要考虑家庭成员的身体健康、受教育程度、个体能力、家庭负担等,总体评议农户是否达到贫困户的标准，力争评选出的扶贫对象既符合政策要求，又获得群众认可。为了确保精准识别的准确性，全国各地通过对贫困人口建档立卡“回头看”，根据贫困户评选标准重新进行全面的情况核实和信息确认，进一步摸清贫困户的基本情况、致贫原因和实际需要，做好查漏补缺工作，完善贫困户的档案，确保扶贫工作落到实处，收到实效。在 2015 年和 2016 年各地组织的建档立卡“回头看”中，重新识别建档立卡贫困户 1 900 多万，贫困人口 5 623 万，将其纳入帮扶行动，为其提供精准的支持和帮助。

（二）项目安排精准

项目安排精准是精准扶贫的重点和核心。通过多种方式将贫困人口识别出来并建档立卡，深度剖析其致贫原因，收集其实际需求，结合其个人能力和家庭资源，进行有针对性的项目帮扶，因人因户开展帮扶行动。项目安排精准的关键在于对贫困户的“贫根”对症下药，精准治疗，充分发挥扶贫项目的益贫效用，使贫困人口真正有事可做、有业可为，获得更多的发展资源和增收机遇。做到项目安排精准的关键是要坚持从实际出发，找准突破口，让贫困人口实实在在受益。因此，我们需要找准贫困人口的致贫原因，并对这些影响因素进行深入分析，判别哪些因素可以通过直接性的帮扶措施得以解决或缓解，哪些因素需要长期的帮扶和支持，进而制订中长期相结合的帮扶方案，以确保帮扶效果的长期稳定。对贫困人口而言，身体疾病、缺资金、缺技术、缺劳动力等都是导致他们陷入贫困状态的重要因素，因而需要结合贫困人口的实际情况，对致贫因素进行排序，优先解决最关键、最主要、影响最大的致贫因素，帮助贫困家庭学会使用减贫的措施和手段，改善贫困家庭的面貌和状态。

当然,贫困人口的致贫原因,既有个体性的微观因素,又有地域性、文化性、自然条件等宏观因素,需要针对不同贫困区域的贫困特征和表现进行项目安排,需要结合当地的资源优势和自然禀赋。如在太阳能资源丰富的地区可以进行光伏扶贫,在森林、植被资源丰富的地区可以进行生态扶贫,在自然环境恶劣、气候条件差的地区可以进行易地搬迁扶贫,在水资源丰富的地区可以进行水利扶贫,教育基础条件较差的地区可以开展教育扶贫等。因此,在扶贫项目安排上,扶贫主体需要将物资帮扶与文化帮扶相结合,将中短期帮扶与长期帮扶相结合,将个体帮扶与区域发展相结合,将生态保护与资源开发相结合,充分挖掘贫困人口及贫困区域的资源,发挥资源优势,引进科学的扶贫项目,建立贫困地区与外界的联系,推动贫困人口和贫困地区的可持续发展。

(三)资金使用精准

扶贫资金是各类扶贫项目得以实施、落地、推进的重要支持。精准扶贫政策带来了大量的扶贫资金并注入基层实践,用以改善贫困人口的状况和推动贫困区域发展,对资金的科学、合理、高效使用,是促进扶贫实践取得实效的重要前提和基本保障。以往各类扶贫资金(包括专项扶贫资金和部门扶贫资金)的管理方式缺乏足够的灵活性,地方政府缺乏资金使用的自主权,为了确保资金安全和财务审计,通常对资金用途、使用方式、帮扶标准规定得相当严格,导致一些贫困户迫切需要发展的项目缺乏资金,而一些不需要推动的项目却安排了资金,极大降低了扶贫资金的使用效率,难以做到精准扶贫。

精准扶贫面对的是 2 000 多万个贫困家庭、7 000 多万个贫困人口,如此大的帮扶对象体量，需要对扶贫资金进行精细规划、合理分配、精准使用，方能实现精准脱贫的目标。不同致贫原因的贫困人口，要通过对资金需求的全盘梳理，因人、因户、因村安排资金，尤其是促进县级各行业部门将扶贫资金统筹使用，提高扶贫资金的使用效率，提升扶贫资金的益贫价值。

2013 年 12 月 18 日，中共中央办公厅、国务院办公厅印发的《关于创新机制扎实推进农村扶贫开发工作的意见》提出了改革财政专项扶贫资金管理机制的原则性指导意见。2014 年 8 月 8 日，国务院扶贫开发领导小组印发的《关于改革财政专项扶贫资金管理机制的意见》的要点是增强资金使用的针对性，促进资金管理权责匹配，强调财政专项扶贫资金的分配要同扶贫开发工作考核、资金绩效评价结果相结合；探索扶贫项目和资金到村、到户的精准使用机制，整合和统筹使用扶贫资金和涉农资金以集中解决突出的贫困问题，切实使资金直接惠及扶贫对象。从 2016 年开始，中央对贫困县的 20 多项涉农资金进行整合，将资金的使用和审批权交给县级政府，以满足精准扶贫的资金需求。至此，贫困县可使用的扶贫资金数量明显增加，使用扶贫资金的自主性和灵活度也显著提升，有效保障了基层扶贫实践的有序推进，切实加快了各项扶贫项目和扶贫工程的进展。

（四）措施到户精准

精准扶贫在于通过精准的帮扶措施，帮助贫困人口解决或缓解贫困问题。只为贫困人口提供帮扶项目和资金是不够的，需要精准的到户措施。措施到户精准，需要对贫困人口的致贫原因进行分析，制订有针对性的帮扶措施和脱贫计划，确保“一户一策”务实、管用、可操作，实现政策宣传到村到户，产业政策到村到户，就业扶贫到村到户，生态移民到村到户，社会保障到村到户，教育扶贫到村到户，金融扶贫到村到户，基础设施建设到村到户，危房改造到村到户，结对帮扶到村到户，始终以贫困人口的现实需求和实际困难为帮扶的出发点，以改善贫困人口生产与生活条件、帮助贫困人口脱贫增收为帮扶目标，带动贫困人口脱贫致富。

贫困人口发展生产的技术、资金、信息等资源缺乏，能力不足，市场经济意识和理念缺失，面对市场竞争时存在一定的短板和弱项。只有对贫困人口进行有针对性的培训，提供精准的帮扶措施，才能改善其面临的难题和障碍。各扶贫力量应结合贫困人口的个人需求，开展多种类型的技能培训，如外出务工培训、种植养殖农业生产培训、返乡创业培训及相关服务业培训。根据贫困人口的资源条件，吸纳贫困人口参与扶贫产业，鼓励贫困人口以土地、劳动力等资源入股农民专业合作社或集体企业，拓宽其收益渠道。对居住在环境条件较差的高山地区的贫困人口，采取差异化的安置手段进行易地扶贫搬迁，通过集中安置或分散安置的形式，将贫困人口从"穷窝"中挪出来，以获得更安全的住房和更多样的发展机会。对因病致贫的贫困人口，进行健康扶贫，开展及时的医学治疗，帮助贫困人口减轻疾病带来的痛苦，恢复他们的身体机能和劳动能力，改善贫困人口的身体条件。

（五）因村派人精准

精准扶贫需要强大的组织保障，选派优秀的干部到基层扶贫，包括担任村级第一书记和驻村工作队，确保基层的扶贫成效。通过加强对驻村干部的选派、管理、培训、组织宣传和激励等，精准选派、统一管理，打造政治素养好、工作作风实、工作能力强能的工作队伍。2014 年 5 月 12 日，国务院扶贫开发领导小组办公室等七部门联合印发了《建立精准扶贫工作机制实施方案》，强调要健全干部驻村帮扶机制，做好干部选派工作，落实帮扶责任。2015 年 4 月 29 日，中共中央组织部、中央农村工作领导小组办公室、国务院扶贫开发领导小组办公室联合印发《关于做好选派机关优秀干部到村任第一书记工作的通知》，强调要对建档立卡的贫困村实现第一书记全覆盖，尤其是中央和国家机关部委、人民团体、中管金融企业、国有重要骨干企业和高等学校要向定点帮扶单位至少选派一名优秀干部到村任第一书记。第一书记和驻村工作队的职责是建强基层组织、推动精准扶贫、为民服务、提升治理水平。同时，中共中央总书记习近平指出，要把脱贫攻坚实绩作为选拔任用干部的重要依据，在脱贫攻坚第一线考察识别干部，激励各级干部到脱贫攻坚战场上大显身手。

向贫困村选派第一书记和驻村工作队，能够在短期内提高贫困村的管理水平和工作能力，有助于推进村庄精准扶贫工作的开展，提升村“两委”的作战能力，为其输入先进的工作理念和扶贫方法，充分利用帮扶队伍的单位和个人资源，促进村级扶贫矛盾的调解和缓和，建立对村级扶贫工作的监督机制，增强村民的内生发展动力，促进村庄扶贫工作有序开展和取得实效。因此，因村派人精准既能促使帮扶干部参与扶贫工作，又能够在基层锻炼干部，为国家储备干部人才。而且，自上而下派出的干部能够联结国家与农民，促进国家权力的下沉，使贫困人口能够近距离感受国家的关怀与保障。

（六）脱贫成效精准

精准扶贫的目的就是要确保到 2020 年现行标准下农村贫困人口全部脱贫、贫困县全部摘帽、实现区域性整体贫困目标，并且保证扶贫成果真实可靠，具有可持续性。脱贫成效精准要强化贫困县、贫困村、贫困户脱贫退出机制，完善贫困退出程序，实现真脱贫，确保脱贫结果让各方满意。我国实现脱贫成效精准，需要对脱贫成效进行科学的考核与评估，防止贫困人口“被脱贫”，以及“数字脱贫”现象的发生，确保贫困人口的脱贫实效。我国对较大数量的贫困人口进行考核评估，通常会组织动员科研院所、高校、评估机构等第三方的参与，体现了脱贫成效评估的专业性和独立性。

脱贫成效考核评估通常围绕“减贫成效、精准识别、精准帮扶、扶贫资金、组织领导”五大内容展开，对减贫成效好的部门进行通报奖励，对减贫成效差的部门进行约谈问责。2014 年 12 月，中共中央组织部、国务院扶贫开发领导小组办公室联合下发了《关于改进贫困县党政领导班子和领导干部经济社会发展实绩考核工作的意见》，建立了更具针对性的贫困县考核机制，从贫困县的实际出发，把扶贫开发、与减贫脱贫紧密关联的民生和社会事业发展、生态环境保护、党建等作为考核的重要内容，将考核的结果作为干部综合评价和选拔任用的依据，直接发挥考核“指挥棒”的作用。此外，国家建立精准扶贫工作成效第三方评估机制，以省为单位对各地精准扶贫工作成效及贫困县退出效果开展独立的第三方评估，通过评估意见反馈、约谈评估结果落后的省份、表彰评估结果先进的省份等方式推动精准扶贫工作的开展。中共中央办公厅、国务院办公厅于 2016 年 4 月印发了《关于建立贫困退出机制的意见》，建立了贫困人口、贫困村及贫困县的退出标准和程序。贫困人口退出以其收入水平和“两不愁三保障”为标准，贫困村和贫困县退出以贫困发生率为主要标准，其他辅助标准一般在省级退出政策中予以规定。为解决贫困人口、贫困村和贫困县不愿退出的问题，在退出机制中加入正向激励机制，贫困县在退出后的一定时期内保持原有扶贫政策的稳定性，支持力度不减，对达到退出条件提前退出的贫困县进行有针对性的奖励，长期、持续巩固脱贫攻坚成果。

四、精准方略的实践路径

中共中央总书记习近平从发展产业、易地扶贫搬迁、生态补偿、发展教育、社会保障兜底等方面总结出“五个一批”的精准扶贫实践路径，为基层扶贫实践提供了行动方案和工作指南。通过对贫困人口致贫原因的精准分析和准确把握，进行精准施策和精准帮扶，“做到对症下药、精准滴灌、靶向治疗”，帮助贫困人口发展能力、增加收益、脱贫致富。“五个一批”是针对贫困的多维性的制度设计①，它的实施实现了扶贫项目安排的精准化，要求治理手段和帮扶举措的多元化。② 在精准扶贫和精准脱贫实践中，国家根据扶贫情况的变化和实际需求，陆续出台了一系列支持性政策和制度文件，高效推动脱贫攻坚的有序运行，带动贫困人口持续脱贫增收，促进贫困区域的全面发展。

（一）发展生产脱贫一批

发展生产脱贫一批，是指立足于贫困地区的各类资源，制定特色产业的发展规划，统筹使用涉农资金；重点支持贫困村、贫困户因地制宜发展种养业和传统手工业等，利用土地资源、生态资源、文化资源等，宜农则农、宜林则林、宜牧则牧、宜商则商、宜游则游；对贫困人口进行就业技能培训，开展创业能力培训，提高贫困人口的技能水平和综合素养，创造条件促进贫困人

---

① 章文光：《“五个一批”助力脱贫攻坚》，《人民论坛》2019 年第 20 期。

② 黄承伟、王猛：《“五个一批”精准扶贫思想视阈下多维贫困治理研究》，《河海大学学报（哲学社会科学版）》2017 年第 5 期。

口外出务工就业，拓宽贫困人口的收入来源渠道。贫困地区发展产业需要结合各地的优势资源，充分发挥市场机制的作用，不断优化产业结构，引进产业发展人才，以市场需求为导向，生产适销对路的高质量产品，延伸产业产销一体化链条，促进产品的深加工，提高产品的附加值。大力发展休闲农业、乡村旅游和生态康养，促进贫困人口的稳定增收。通过建立健全完善的利益联结机制，推动龙头企业、农业合作社、公司等市场经营主体，吸引贫困人口到生产基地务工，鼓励贫困人口以土地、人力等资源入股，以获得分红收入，提高农户在市场中的抗风险能力，确保贫困人口获得持续性收益。

在产业扶贫的运作机制上，产业精准扶贫将产业通过村庄到农户，与贫困户的土地、资本和劳动力等生产要素实现有机结合与匹配，构建多元主体共同参与的发展格局，有效促进贫困人口的增收与发展。[①] 产业扶贫政策能够有效提升贫困户参与农业种植、畜禽养殖生计活动的意愿，显著增加了贫困户的农业种植收入、畜禽养殖收入和家庭总收入，促进贫困人口的脱贫与增收。[②] 在产业扶贫中，逐渐形成了以龙头企业、农民专业合作社等市场经营主体带动的扶贫模式，建立了益贫性的利益联结机制，注重产业扶贫过程中贫困户内生动力的挖掘和培育，倡导参与式扶贫。[③]

（二）易地搬迁脱贫一批

易地搬迁是有效解决“一方水土养不活一方人”问题的根本之策，是重

① 刘建生、陈鑫、曹佳慧：《产业精准扶贫作用机制研究》，《中国人口·资源与环境》2017年第6期。

② 胡晗、司亚飞、王立剑：《产业扶贫政策对贫困户生计策略和收入的影响——来自陕西省的经验证据》，《中国农村经济》2018年第1期。

③ 黄承伟、邹英、刘杰：《产业精准扶贫：实践困境和深化路径——兼论产业精准扶贫的印江经验》，《贵州社会科学》2017年第9期。

大的民生和惠民工程,也是实施精准扶贫精准脱贫的重要抓手,能够改善贫困人口的居住环境和生活条件,有效提供基本公共服务,提升贫困人口的幸福感、获得感和安全感。易地扶贫搬迁的安置方式坚持与城镇房地产"去库存"相结合、与城镇商品房开发"配建制"相结合、与农村牧区基础设施和公共服务改善相结合、与盘活农村牧区中心村"闲置房"相结合、与产业园区建设相结合、与互助幸福院建设相结合,采取集中与分散相结合的安置方式。集中安置包括行政村内就近安置、建设移民新村安置、小城镇或工业园区安置、乡村旅游区安置、特困人员集中供养安置。分散安置包括投亲靠友安置、进城务工等。易地扶贫搬迁需要大量的资金投入,主要通过增加中央预算内投资、调整地方政府债务结构、加大专项建设基金支持力度、引导农户自筹资金及由有关金融机构发放长期低息贷款等多渠道筹集加以解决。易地扶贫搬迁要使贫困人口"搬得出、稳得住、能增收",就要强化搬迁人口的后续扶持:通过出台专门的后续扶持政策和相关文件,强化搬迁人口就业帮扶;通过东西部扶贫协作、对口支援、省内帮扶等机制,以及"订单式"技能培训,促进搬迁人口外出就业;开发当地公益性岗位,引导搬迁人口就近、就地就业;强化搬迁安置点的产业培育和基础设施配套提升,通过建立扶贫车间、产业园区、生产基地等,带动搬迁人口就业增收,不断提高搬迁社区治理水平,提升搬迁人口的生活满意度和归属感。

作为精准扶贫"五个一批"的头号工程,易地扶贫搬迁为全面打赢脱贫攻坚战做了重要贡献。随着政策实施的深入,财政与金融政策、工程项目监管、民生保障与生态环境建设等政策维度类型和内容不断丰富,我国初步形成了具有中国特色的易地扶贫搬迁政策体系,实现了扶贫搬迁各项机制的创新和发展。[1] 易地扶贫搬迁以空间生产推动移民的减贫发展[2],使得搬迁人口实现"挪穷窝",改善了生产生活条件,拓宽了就业渠道,增加了收入来源,使他们能够在各项政策的支持下逐渐融入新社区和生活空间,进入市民化的进程,促进了社区秩序的稳定运行。2020年,易地搬迁贫困人口的贫困退出工作全部完成,有劳动力的搬迁家庭实现了至少1人就业,搬迁人口收入水平显著提高。

(三)生态补偿脱贫一批

生态补偿脱贫一批,是中央精准扶贫、精准脱贫方略"五个一批"的重要组成部分,也是我国贫困治理体系的关键内容。生态补偿是指加大贫困地区生态保护修复力度,增加重点生态功能区转移支付,扩大政策实施范围,让有劳动能力的贫困人口就地转成护林员等生态保护人员。生态补偿脱贫一批项目涵盖生态效益直补、生态产业奖补、生态项目受益、生态就业带动、生态管护参与和林业基础设施建设等内容,通过实施退耕还林还草、天然林保护、防护林建设、石漠化治理、防沙治沙、湿地保护与恢复、坡耕地综合整治、退牧还草、水生态治理等重大生态工程,创新生态资金使用方式,在项目和资金安排上进一步向贫困地区倾斜,采取政府购买服务等方式,提供生态保护公益性岗位,使有劳动能力的贫困人口、低保人口通过参与生态环境保护和建设,获得相应的劳动报酬,实现家庭增收。

贫困地区与生态脆弱地区高度耦合是中国推进生态扶贫的现实背景,

---

① 王宏新、付甜、张文杰:《中国易地扶贫搬迁政策的演进特征——基于政策文本量化分析》,《国家行政学院学报》2017年第3期。

② 何瑾、向德平:《易地扶贫搬迁的空间生产与减贫逻辑》,《江汉论坛》2021年第5期。

"绿水青山就是金山银山"是中国实施生态扶贫的要求。从我国生态补偿扶贫的实践来看,生态补偿扶贫的有效运行得益于四大机制：一是扶贫对象瞄准机制,主要面向贫困地区对生态环境保护和生态系统服务功能维持做出贡献或减少破坏的贫困人口;二是扶贫资金的筹集管理机制,当前扶贫资金主要为中央财政支出,鼓励社会团体、非政府组织、个人积极参与,打造多元化、市场化的资金来源;三是生态补偿扶贫方式,通过"输血式"扶贫,实行森林生态补偿、流域生态补偿等与增加植被面积相关的补偿,建立森林碳汇和草原碳汇交易市场;通过"造血式"扶贫,创造新的就业机会,提供劳动就业岗位,增强贫困人口的生计能力;四是监督与评估机制,从保护奖励和破坏惩罚两方面入手,对生态系统服务维持好的贫困地区进行奖励,激励贫困地区在发展过程中加强环境保护,杜绝生态破坏的行为。[①] 在多种扶贫举措的实施下,生态补偿扶贫取得了显著成效：增加了贫困户的收入,改善了区域生态环境,提升了贫困户的生态保护意识,激发了贫困户脱贫的内生动力,提高了贫困地区乡村治理的水平,[②]也积累了丰富的绿色减贫经验。

(四) 发展教育脱贫一批

中共中央总书记习近平从教育扶贫认识论、教育扶贫实践论、教育扶贫方法论、教育扶贫模式论和教育扶贫动力论等层面对教育扶贫进行了全面且系统的论述,强调扶贫先扶志、扶贫必扶智,为教育扶贫工作指明了前进

---

① 耿翔燕、葛颜祥：《生态补偿式扶贫及其运行机制研究》,《贵州社会科学》2017 年第 4 期。

② 胡振通、王亚华：《中国生态扶贫的理论创新和实现机制》,《清华大学学报(哲学社会科学版)》2021 年第 1 期。

方向。[①] 发展教育脱贫一批主要是通过在教育领域的精准施策、精准发力，实施义务教育“两免一补”的政策，农村义务教育阶段营养改善计划，对建档立卡的贫困家庭学生实施普通高中免除学杂费、中等职业教育免除学杂费，将建档立卡贫困家庭的学生优先纳入各类国家奖学金、助学金资助范围，实施贫困地区乡村教师安居工程，全面落实连片特困地区乡村教师生活补助政策，加大对革命老区和民族地区教育的特殊支持，整合各种教育资源，改善贫困地区义务教育办学条件等措施，使贫困家庭子女都能接受公平且有质量的教育，防止他们因贫困而失学、辍学，阻断贫困的代际传递，改善贫困家庭的精神面貌。[②] 而且，发展教育是提升贫困家庭人力资本的重要方式。教育扶贫工作能够切实提升贫困人口的科学文化知识、职业技能水平、道德文化素养，增强贫困人口在就业市场上的竞争力，促进他们适应不同的岗位需求，获得稳定的、可持续的、长期的收益与回报。

国家实施精准扶贫精准脱贫方略后，教育部等涉及教育扶贫的相关部门采取超常规举措，精准聚焦贫困地区，启动实施教育扶贫全覆盖行动，先后组织实施了 20 多项教育扶贫政策与措施，全方位覆盖贫困地区义务教育普及、学校基础设施建设、学生资助体系、教师队伍建设、民族教育发展、职业教育提升等领域的教育扶贫，逐步构建了教育扶贫、教育脱贫的政策体系，有力保障了教育领域实现脱贫的目标。2014 年以来，国家先后启动“全面改薄”“能力提升”等教育领域重大民生工程，全面改善贫困农村学校的办学条件，促进基本公共教育服务均等化，持续推进“控辍保学”工作举措，确

---

① 袁利平：《论习近平教育扶贫战略思想》，《甘肃社会科学》2018 年第 3 期。
② 王嘉毅、封清云、张金：《教育与精准扶贫精准脱贫》，《教育研究》2016 年第 7 期。

保上学路上“不落一人”，通过大力发展职业教育，让知识和技术改变贫困家庭的命运，实现“就业一人，脱贫一家”的发展目标，为巩固拓展脱贫攻坚成果贡献教育力量。

（五）社会保障兜底一批

在精准扶贫方略中，实施“社会保障兜底一批”是指对那些无法依靠产业扶持和就业帮助脱贫的家庭实行政策性保障兜底，确保“不漏一户、不落一人”，将符合救助条件的贫困人口纳入农村低保或特困救助供养范围，基本实现了“应保尽保、应救尽救”。社会保障兜底扶贫包括社会救助、社会保险和社会福利三大内容。其中，社会救助是指政府财政承担贫困人口的基本生活保障责任，如贫困地区最低生活保障制度、特困人员救助供养制度、临时救助制度、专项社会救助项目等。社会保险是指贫困人口在缴纳一定的费用后享受保险待遇，一般生活风险得到兜底，包括新型农村合作医疗制度和新型农村养老保险制度。社会福利是促进社会资源再分配、提高贫困人口生活质量的重要制度设计，包括贫困地区老年人福利制度、残疾人福利制度、妇女儿童福利制度等。① 从帮扶对象来看，贫困地区农村老年人、未成年人、重病重残人员是社会兜底保障的重要群体。对这部分完全丧失劳动能力和长期患病的贫困人口来说，主要是通过广覆盖的最低生活保障、农村合作医疗、大病保险和救助、慢性病补贴及养老保险等措施进行帮扶，帮助他们维持基本的生活，建立综合性的社会保障体系。民政部联合国务院扶贫办在 2020 年出台了《社会救助兜底脱贫行动方案》，督促各地通过数据比

① 朱薇：《社会保障兜底扶贫的作用机理》，《人民论坛》2019 年第 7 期。

对、摸排核查等方式，将符合条件的贫困人口及时纳入低保等兜底保障范围。

社会保障兜底扶贫承担着保障贫困人口基本生活、促进贫困地区经济发展、维护贫困地区社会运行的重要功能，具体的组织运作包括资金筹集、精准识别、保障发放、管理监督等环节，需要扶贫部门与社保部门联动协作。[①] 为了减少"骗保、错保、人情保、关系保"等损害国家公共财产的行为发生，应提高社会救助工作的水平和质量，促进社会的公平正义。一是在原来入户调查、邻里访问的基础上创新机制，建立一套以家庭劳动人口数、土地、住房、机动车、家庭成员是否患有重病或者残疾等情况为主要评价指标的新型经济情况测定指标体系。二是建立各部门互通、信息共享的社会救助家庭经济情况查询机制，使农村低保对象的认定更加精准、可靠。三是做好"三留守"人员的关爱服务工作。留守儿童、留守妇女、留守老人是贫困地区的弱势群体，通过做好这类群体的摸底调查，弄清不同贫困地区的实际情况，建立健全特殊"三留守"人员的救助保护机制和关爱服务体系；各地依托社会福利院、养老院、救助管理站等机构开展对"三留守"人员的关爱服务工作；同时动员社会组织、公益慈善团体等，整合各类资源，帮助贫困群众解决急难问题。

精准方略是打赢脱贫攻坚战最重要的减贫模式，充分体现了我国贫困治理体系的创新与发展，具体表现在以下三个方面。其一，扶贫理念的变革。精准扶贫方略可以高效识别贫困人口，科学制定帮扶举措，合理规划产业布局，改变了以往的帮扶理念和方式，成为治理贫困的理论指引和行动指

① 公丕明、公丕宏：《精准扶贫脱贫攻坚中社会保障兜底扶贫研究》，《云南民族大学学报（哲学社会科学版）》2017 年第 6 期。

南。其二,扶贫举措的创新。精准扶贫方略构建了完整的产业发展、易地搬迁、生态改善、教育扶持、社会保障等脱贫行动体系,有力带动贫困人口增强发展的能力,促使贫困人口脱贫致富。其三,扶贫效果的改善。通过创新精准扶贫方略,我国完善了减贫政策体系,提高了贫困治理能力和治理化体系的现代化水平,如期打赢了脱贫攻坚战,确保千万人摆脱了绝对贫困面貌,实现了稳定的脱贫增收,推动了贫困地区的转型与发展。

第七章
中国特色反贫困的优势

中国共产党在百年征程中，始终围绕反贫困这一主题，通过目标接力的形式，历史性地解决了困扰中华民族几千年来的绝对贫困问题，实现了全面建成小康社会的目标，开启了全面建设社会主义现代化强国的新征程。反贫困是中国共产党领导下的全社会共同参与的新型人民战争，体现了中国体制的制度优势，统一于中国特色社会主义制度之中，充分展示了中国特色反贫困的制度优势。①

一、坚强的政治和组织保证：中国共产党的集中统一领导

中国共产党的领导是中国特色社会主义最本质的特征，是中国特色社会主义制度的最大优势。消除贫困、改善民生、实现共同富裕，是社会主义的本质要求，是中国共产党的重要使命。中国共产党始终将全心全意为人

① 王建华：《中国共产党与百年反贫困的中国方案》，《南京大学学报(哲学・人文科学・社会科学)》2021 年第 3 期。

民谋幸福、为中华民族谋复兴作为自己的初心和使命。中共中央总书记习近平指出，贫困地区的发展靠什么？千条万条，最根本的只有两条：一是党的领导；二是人民群众的力量。[①] 中共中央总书记习近平在全国脱贫攻坚总结表彰大会上指出，脱贫攻坚取得举世瞩目的成就，靠的是党的坚强领导。我国反贫困事业取得的一系列成就，得益于党的集中统一领导的显著优势，得益于充分发挥党统揽全局、协调各方的作用。东西南北中，党政军民学，党领导一切，坚持党对反贫困事业的绝对领导，是由中国共产党自身的优势决定的。消除贫困，目标高远、责任重大、任务繁重，需要调动各方资源，统筹多方人力物力，离不开一个强有力的核心领导做保障。只有发挥中国共产党领导的政治优势，依靠党的坚强领导，发挥党组织的核心作用，才能保障反贫困事业顺利开展。

（一）坚持党的领导，形成统一意志和共同行动

中共中央总书记习近平在全国脱贫攻坚总结表彰大会上指出，坚持党的领导，为脱贫攻坚提供政治和组织保证。在中国共产党的统一领导下，坚持由党中央、国务院决策，统筹制定反贫困大政方针，统一部署、出台重大政策举措，统一制定、指挥重大行动计划，[②]统一思想、凝聚共识，提高全党全社会对反贫困重要性、紧迫性的认识，增强做好反贫困工作的责任感、使命感和紧迫感。中国大规模有组织、有计划的减贫行动始于 1982 年“三西”地区的扶贫，从 1986 年成立国务院贫困地区经济开发领导小组，以及实施《国家

① 习近平：《摆脱贫困》，福建人民出版社，2014，第 56 页。
② 王先位：《中国特色反贫困制度体系的架构、优势及展望》，《理论建设》2021 年第 6 期。

八七扶贫攻坚计划(1994—2004 年)》《中国农村扶贫开发纲要(2001—2010 年)》《中国农村扶贫开发纲要(2011—2020 年)》等重大扶贫决策,[①]党和政府始终关注扶贫事业,始终坚持党中央对脱贫攻坚的集中统一领导,将扶贫开发纳入国家整体经济和社会发展规划中,统筹谋划,强力推进。

(二)层层抓落实,构建具有强大合力的大扶贫格局

为确保打赢脱贫攻坚战,落实扶贫领导责任制,在 2015 年年底召开的中央扶贫开发工作会议上,党中央首次要求各级党委、政府层层签订脱贫攻坚责任书,逐级立下军令状。坚持省负总责,省级党委和政府在坚决贯彻中央的大政方针、决策部署和行动计划的前提下,确保责任制在辖区内的市(地)、县、乡、村层层落实;坚持市(地)、县抓落实,市(地)、县党委负责人扎实履行第一责任人的职责,全面执行和落实反贫困政策;通过"党的五级书记"抓扶贫的管理体制和管理制度,实现从中央到地方,全党上下共同参与;切实发挥党的领导干部的先锋堡垒作用。中共中央总书记习近平要求,凡是有脱贫攻坚任务的党委和政府,都必须倒排工期、落实责任,抓紧施工、强力推进。特别是脱贫攻坚任务重的地区党委和政府要把脱贫攻坚作为"十三五"期间头等大事和第一民生工程来抓,坚持以脱贫攻坚统揽经济社会发展全局。加强基层党支部建设,推进党组织结对共建。政府扶贫之外,通过动员和凝聚全社会力量的广泛参与,建立了专项扶贫、行业扶贫、社会扶贫等多方力量和多种举措有机结合的"三位一体"的大扶贫格局。[②] 为打好这

---

① 汪三贵:《中国 40 年大规模减贫: 推动力量与制度基础》,《中国人民大学学报》2018 年第 6 期。

② 王浦劬、汤彬:《当代中国治理的党政结构与功能机制分析》,《中国社会科学》2019 年第 9 期。

场歼灭战,中国共产党执政体系中的各层“链条”都转动了起来[①],保证了消除绝对贫困既定目标的成功实现。

(三)实施精准扶贫方略,完善贫困治理体系

精准扶贫是我国打赢脱贫攻坚战的基本方略。精准扶贫是中共中央总书记习近平关于扶贫工作重要论述的精髓,是一套内涵丰富、逻辑严密的思想体系,是对传统扶贫开发方式的根本性变革,是国家贫困治理体系现代化的目标方向,是脱贫攻坚目标任务得以完成的重要制度优势。中共中央总书记习近平创新性地提出了精准扶贫重要思想,在“六个精准”“五个一批”基本方略的基础上,多维发力,解决了长期以来反贫困不能很好地落地、落实、落细的问题。从哲学基础看,关于扶贫工作的重要论述包括实事求是和从实际出发、普遍联系与统筹兼顾、对立统一与重点论等基本哲学理论。从政治基础看,精准扶贫必须坚持中国共产党的坚强领导和发挥社会主义制度集中力量办大事的优势。从主要内容看,关于扶贫工作重要论述是解决“四个切实”,实施“五个一批”,做到“六个精准”内在逻辑严密的体系。[②]

1. 以“四个切实”为关键点,夯实脱贫攻坚成效

切实落实领导责任,才能确保扶贫规划落到实处。实践证明,只有各级领导真正把扶贫工作记在心上、扛在肩上,扶贫规划才能持之以恒地落到实处。因此,各级党委政府应切实强化扶贫开发领导责任制,坚持上下同心、

---

① 张瑞敏、龙梅:《政治优势与制度优势:中国打赢扶贫攻坚战的独特法宝》,《中南民族大学学报(人文社会科学版)》2018年第4期。

② 黄承伟:《脱贫攻坚伟大成就彰显我国制度优势》,《红旗文稿》2020年第8期。

同力、同向，把中央统筹、省负总责、市(地)县抓落实的管理体制，片为重点、工作到村、扶贫到户的工作机制等真正落到实处。切实做到目标任务明确、完成时限明确、帮扶措施明确。特别是要严格落实党政一把手负总责的扶贫工作责任制，履行好扶贫第一责任人的职责，通过“硬”指标形成“硬”约束，确保扶贫规划顺利实施。

切实做到精准扶贫，才能确保扶贫工作事半功倍。新时期扶贫工作贵在精准，重在精准，成败之举也在于精准。只有打好组合拳，才能取得攻坚战的胜利。因此，各级党委政府抓扶贫应摸清底数、找准“穷根”、明确“靶向”，因地制宜、对症下药、精准施策，切实做到扶贫对象精准、项目安排精准、资金使用精准、措施到户精准、因村派人精准、脱贫成效精准。只有这样，扶贫工作才能彻底解决“大水漫灌、走马观花、大而化之”等问题，实现贫困人口精准脱贫。

切实强化社会合力，确保扶贫工作整体推进。扶贫开发是全党全社会的共同责任，必须充分调动一切积极因素，着力构建专项扶贫、行业扶贫、社会扶贫等多方力量有机结合和互为支撑的大扶贫格局。因此，要理顺管理体制，科学划分各级各部门事权，明确部门职责分工，整合各类扶贫资源，提高资金使用效率，特别是要吸引社会资金参与扶贫开发，真正形成全社会扶贫的局面。

切实加强基层组织建设，使扶贫工作稳步发展。做好扶贫开发工作，基层是基础。因此，要抓好以村党组织为核心的村级组织配套建设，落实好向贫困村党组织选派第一书记的工作，实施好向贫困地区选派扶贫工作队的举措，把党的基层组织优势变成扶贫优势、组织活力化为攻坚动力。特别是要不断巩固党的群众路线教育实践活动成果，持续深入转变工作作风，把服务群众特别是困难群众的工作做实、做细。只有这样,基层组织才能更受群众欢迎,才能在扶贫开发工作中发挥核心作用。

2. 以“五个一批”为着力点,提升脱贫内生动力

发展生产脱贫一批,是新时代扶贫脱贫的主要方向,国家先后出台了相关政策重点支持,如开展光伏扶贫、电商扶贫、旅游扶贫等相关产业扶贫来助力脱贫。易地扶贫搬迁脱贫一批,是脱贫攻坚的标志性工程,使生活在“一方水土养不起一方人”地区的近 1 000 万贫困人口实现稳定脱贫。发展教育脱贫一批,通过对贫困农村实施特定计划,使贫困农村的家庭子女基本实现高中阶段的教育,接受免费职业教育,因贫辍学情况基本被消灭,阻断了贫困的代际传递。生态补偿脱贫一批是指通过国家财政投入贫困农村的生态建设,贫困人口因生态建设和发展而找到收入增长的途径。社会保障兜底一批,是指通过农村低保制度与扶贫积极对接,使贫困群体逐步实现应保尽保。①

3. 以“六个精准”为根本点,推动高质量脱贫

贫有百样,困有千种。面对千差万别的致贫原因,针对如何推进精准扶贫、实现精准脱贫的难题,中共中央总书记习近平提出了一系列行之有效的破解之策。2015 年,“六个精准”作为扶贫开发的基本要求被正式提出,为精准扶贫指明了主攻和前进的方向。实行扶持对象、项目安排、资金使用、措施到户、因村派人和脱贫成效六个维度的精准,系统回答了“扶持谁”“谁来扶”“怎么扶”“如何退”四个关键问题,真正体现了对扶贫对象实行精细化管理,对扶贫资源实行精确化配置的精准,真正实现了从“大水漫灌”到“精准

① 崔霞:《新时代打赢脱贫攻坚战的制度经验》,《学校党建与思想教育》2020 年第 16 期。

滴灌”扶贫方式的转变。在“六个精准”的方法论指导下，精准扶贫、精准脱贫是中国共产党实事求是精神在中国减贫事业中最生动的运用、最鲜活的体现，成功开辟了独具中国特色的原创性扶贫道路。[①]

二、成就事业的重要法宝：中国特色社会主义制度

马克思认为贫困问题的根源是资本主义私有制，而历史已经证明资本主义制度不仅不能从根本上解决贫困问题，反而会导致贫困固化，甚至使贫困问题更加复杂。要根治贫困，必然要从社会主义制度中找答案。马克思贫困理论充分说明了资本主义追求剩余价值最大化的生产目的，揭露了在资本主义社会里工人阶级贫困化是不可根除的痼疾，而只有在社会主义制度下，贫困问题才有望根除。[②] 毛泽东指出，我们实行社会主义制度，是可以一年一年走向更富更强的，一年一年可以看到更富更强些。而这个富，是共同的富，这个强，是共同的强，大家都有份。[③] 中国也只有进入社会主义时代才是真正幸福的时代。[④] 邓小平指出，只有社会主义制度才能从根本上解决摆脱贫困的问题。[⑤] 习近平指出，贫穷不是社会主义。如果贫困地区长期贫困，面貌长期得不到改变，群众生活长期得不到明显提高，那就没有体现我国社会主义制度的优越性，那也不是社会主义。[⑥]

---

① 张聪：《从中国“脱贫奇迹”看中国制度优势》，《哈尔滨工业大学学报(社会科学版)》2021 年第 4 期。

② 杜利娜：《马克思的贫困理论及当代启示》，《马克思主义研究》2018 年第 8 期。

③ 毛泽东：《毛泽东文集(第 6 卷)》，人民出版社，1999，第 55 页。

④ 毛泽东：《毛泽东选集(第 2 卷)》，人民出版社，1991，第 58 页。

⑤ 邓小平：《邓小平文选(第 3 卷)》，人民出版社，1993，第 48 页。

⑥ 中共中央党史和文献研究院：《习近平扶贫论述摘编》，中央文献出版社，2018，第 75 页。

中共中央总书记习近平在全国脱贫攻坚总结表彰大会上指出，脱贫攻坚取得举世瞩目的成就，归根到底是坚持发挥我国社会主义制度能够集中力量办大事的政治优势，形成脱贫攻坚的共同意志、共同行动。中国立足国情，充分发挥社会主义制度，坚持全国一盘棋、调动各方面积极性、集中力量办大事的优势，运用党的领导、政府主导、社会参与的工作机制，将反贫困事业纳入国家整体战略，形成跨地区、跨部门、跨行业、全社会多元主体共同参与的协同体系，集中必要的人力、物力、财力、智力，把脱贫的内驱力与外在动力相结合，开辟出一条中国特色的反贫困之路，形成立足中国国情的社会主义贫困治理实践创新成果。

（一）“志智双扶”，激发扶贫内驱力

消除贫困的过程绝不是各方力量的被动作为，没有内在动力，仅靠外部力量帮扶，并不能从根本上解决问题。事实上，为治贫、脱贫助力献策早已成为党领导下的各方力量的自觉行动。然而，仅仅依靠这些外部条件还不够，因为“本身有生机、有活力，才能吸收外边的养料”。[①] 在脱贫攻坚这场战役中，坚持做好“志智双扶”工作，把对贫困群体精神世界的治理加入脱贫攻坚工作范畴，“扶贫先扶志”“扶贫必扶智”，注重将扶贫同扶志、扶智深度融合，变外力资源帮扶为内部主动作为，着力激发贫困群众的内生动力，充分调动贫困群众的积极性、主动性和创造性，提高自我发展能力，达到“弱鸟先飞”“至贫先富”的效果，实现可持续、高质量脱贫。

---

① 中国文化书院学术委员会：《梁漱溟全集（第1卷）》，山东人民出版社，2005，第110页。

（二）汇聚多方力量，加大帮扶力度

第一，我们广泛动员全党全国各族人民和社会各方面力量共同向贫困宣战，举国同心，合力攻坚，党政军民学劲往一处使，东西南北中拧成一股绳。在脱贫攻坚战中，东西部地区应强化扶贫协作，建立对口支援关系，促进人才、资金、技术向贫困地区流动；全国自上而下对贫困村派出驻村工作队，选派县级以上党政机关和国有企事业单位干部到贫困村担任驻村干部等，为脱贫攻坚奠定了牢固的组织基础；组织开展定点扶贫，中央和国家机关各部门、民主党派、人民团体、国有企业和人民军队等都积极行动，实现了所有国家扶贫开发工作重点县都有帮扶单位。第二，中央财政持续扩大专项扶贫资金规模，各级财政也保证了扶贫资金需求。在资金支持中，各地还加大了财政涉农资金的整合力度，加强扶贫资金监管，提高资金使用效率和效益，用好扶贫的土地和金融政策等。第三，我国的国家治理体系不仅具有强有力的政治号召力和组织执行力，而且对各种社会和经济资源有切实可靠的控制力和调配力，即充分发挥了公有制为主体、多种所有制经济共同发展，按劳分配为主体、多种分配方式并存，以及社会主义市场经济体制等社会主义基本经济制度的优越性，从而调动一切可能调动的资源，包括各种社会组织①，发挥了产业扶贫、科技扶贫、教育扶贫、文化扶贫、健康扶贫、消费扶贫、慈善扶贫等多元扶贫的优势，强化了对贫困地区的支持广度和深度。

---

① 陈锡喜：《决战决胜脱贫攻坚蕴含的制度优势及人类共同价值》，《思想理论教育导刊》2021 年第 1 期。

三、摆脱贫困的根本途径：兼顾效率与公平的发展道路

中国共产党始终把发展作为消除贫困最有效的办法，运用马克思主义立场、观点和方法不断寻求解决长期以来困扰中国人民贫困问题的方法。中华人民共和国成立后，党带领人民率先完成“三大改造”，通过建立社会主义制度为解决贫困现状奠定了根本的政治前提，从以社会制度和社会保障减缓绝对贫困到依托经济增长带动和实施专项扶贫计划大幅度减贫，再到新时代脱贫攻坚战的全面打响，中国共产党始终将发展作为摆脱贫困的根本途径，以让广大人民群众过上好日子为目标导向。①

（一）坚持改革开放，助力脱贫攻坚

改革开放是强国之路，也是脱贫攻坚之路。中国的改革开放带来了经济的快速增长，国家财政收入逐年丰厚，为脱贫攻坚奠定了坚实的物质基础。一方面，政府扩大了对贫困地区的投资，大大改善了贫困地区的基础设施条件，为贫困地区的贫困人口脱贫致富创造了条件；另一方面，政府有财力加大对贫困地区的转移支付，增加贫困地区的公共产品和公共服务供给，为脱贫攻坚提供了保障。正是因为经济的发展、综合国力的增强，人民福祉才得以不断增进，幼有所育、学有所教、劳有所得、病有所医、老有所养、住有所居、弱有所扶等国家基本公共服务制度体系不断完善，贫困地区的普惠性、基础性、兜底性民生建设得到加强，人民多层次多样化的需求得到保障，脱贫攻坚的成果得到巩固。

---

① 黄承伟、杨进福：《中国共产党百年反贫困的历史经验》，《西安交通大学学报（社会科学版）》2021 年第 4 期。

（二）实现共同富裕是相对贫困的目标

共同富裕是社会主义的本质要求，是人民群众的共同期盼，也是中国共产党的长期奋斗目标。中国坚持走共同富裕的道路，事关全面建设社会主义现代化国家的推进，事关国家的长治久安和人民群众的福祉，事关中华民族伟大复兴中国梦的实现。党的十九届五中全会首次提出把“全体人民共同富裕取得更为明显的实质性进展”作为到2035年基本实现社会主义现代化的远景目标之一，就“支持推进共同富裕”“全体人民共同富裕取得更为明显的实质性进展”做出了重大战略部署。而反贫困是实现共同富裕不可或缺的重要一环，摆脱贫困继而走向共同富裕是中华民族的崇高理想，是中国人民几千年来的孜孜追求。[①] 在实现共同富裕的问题上，中国共产党做出的庄严承诺是以现行标准下农村贫困人口全部脱贫为标志性指标的全面建成小康社会。2020年，区域性整体贫困问题得到解决，我国的脱贫攻坚战取得了全面胜利。消除绝对贫困后，反贫困的下一步该怎么走，是一个很自然的问题。2019年10月，党的十九届四中全会通过的《中共中央关于坚持和完善中国特色社会主义制度、推进国家治理体系和治理能力现代化若干重大问题的决定》首次正式提出了这个问题，要求巩固脱贫攻坚成果，建立解决相对贫困的长效机制。[②] 中共中央总书记习近平强调，贫穷不是社会主义。在发展生产力的基础上推进共同富裕，是社会主义的基本特征和本质要求，共同富裕作为消除相对贫困、发展生产力、推动社会主义现代化建设的目标和道路不能偏废。

---

① 刘小珉、刘诗谣：《改革开放以来民族地区的反贫困与共同富裕研究：回顾与展望》，《青海民族研究》2022年第1期。

② 檀学文：《走向共同富裕的解决相对贫困思路研究》，《中国农村经济》2020年第6期。

（三）坚持以新发展理念提高贫困治理水平

中共中央总书记习近平关于扶贫开发的重要论述是完成脱贫攻坚目标任务的重要指导，五大发展理念是打赢脱贫攻坚战的思想引领。以新发展理念为统领，在创新发展中激活扶贫内生动力，将扶志、扶智、扶技相结合，推进扶贫思维、扶贫模式和扶贫科技创新；在协调发展中建立专项扶贫、行业扶贫、社会扶贫“三位一体”的大扶贫格局，形成脱贫攻坚强大合力；在绿色发展中变贫瘠的土地为金山银山，实现脱贫与生态建设双赢；在开放发展中坚持开放与扶贫相统一，拓展扶贫新空间，共建消除贫困人类命运共同体；在共享发展中让贫困人口、贫困地区共享发展成果，如期脱贫，提升治理贫困的能力和水平。①

四、取得成功的核心要素：以人民为中心的执政理念

人民对美好生活的向往，就是党的奋斗目标。2012 年 11 月 15 日，中共中央总书记习近平在中外记者见面会上，用这句话再次道出了中国共产党人 90 多年风雨历程的不懈追求。人民是中国共产党的生命细胞，以人民为本位，一直是中国共产党与西方国家执政党的根本区别。党的十八大以后，中共中央总书记习近平向世界阐释了中国梦的内涵：国家富强、民族振兴、人民幸福。中国梦是民族复兴的梦，归根到底是人民的梦。它承载了一个国家对未来的信心，更饱含着每一位百姓对美好生活的憧憬。②

① 方凤玲：《新发展理念统领脱贫攻坚》，《上海经济研究》2020 年第 9 期。

② 张瑞敏、龙梅：《政治优势与制度优势：中国打赢扶贫攻坚战的独特法宝》，《中南民族大学学报（人文社会科学版）》2018 年第 4 期。

（一）立足人民需求，促进人民发展

因地制宜、因村因户因人施策的帮扶体系是精准扶贫、精准脱贫基本方略的细化和深化。其一，要摸准贫困户的现实境况和脱贫需求。通过深入调查，切实弄清贫困户的致贫原因、贫困深度和程度、脱贫需求，以及贫困村的贫困人口、资源禀赋、扶贫需求等关键信息，对贫困户和贫困村进行优劣势分析，为帮扶措施的制定提供技术支撑和信息资源。其二，要创新扶贫脱贫方式，实行类型化、差别化贫困治理。其三，要构建精准扶贫、精准脱贫长效工作机制。打赢脱贫攻坚战，只是解决了现行标准下的贫困问题，实现了“两不愁三保障”目标，但贫困问题具有长期性和动态性，需要建立健全精准扶贫、精准脱贫的长效工作机制，在健全防止返贫动态监测和帮扶机制的同时，加快构建有利于稳定脱贫的制度环境。为此，党中央决定，脱贫攻坚目标任务完成后，对摆脱贫困的县，从脱贫之日起，设立五年过渡期，过渡期内要保持主要帮扶政策总体稳定。①

（二）聚焦社会民生，维护公平正义

中共中央总书记习近平在中共中央政治局第三十九次集体学习时强调，农村贫困人口如期脱贫、贫困县全部摘帽、解决区域性整体贫困，是全面建成小康社会的底线任务，是我们做出的庄严承诺。只有贫困人口最终脱贫，社会公平正义才能得到彰显，全面建设小康社会才能得以实现。推动贫困地区脱贫致富与加快发展，是千方百计增加居民收入任务的重中之重。在全面建设小康社会的征程中，农村尤其是贫困农村的人口增加收入、摆脱贫

① 傅夏仙、黄祖辉：《中国脱贫彰显的制度优势及世界意义》，《浙江大学学报（人文社会科学版）》2021 年第 2 期。

困是其中的关键。在保障和改善民生的过程中，要格外关注困难群众，时刻把他们的安危与冷暖放在心上，关心他们的疾苦，千方百计帮助他们排忧解难。[①]

在国家治理体系中，公平正义是保障民生发展、维持社会稳定的基本条件。中共中央总书记习近平指出，公平正义是中国特色社会主义的内在要求。[②] 这就意味着我们必须始终关注公平正义这一重大命题，特别是在决胜全面小康的特殊阶段，中国治贫工作以精准扶贫方案展开，彰显了党和政府高度关注社会民生、切实保障公平正义的发展思想。精准扶贫在设计起点、实行过程、目标任务上都凸显了公平正义的价值导向。第一，依靠精细化、高标准的制度安排精准“捕获”贫困人口，确保真正需要被帮扶的对象享受到扶贫的资源，这就要在治理起点端以最大限度保证贫困群体之间的要素禀赋公平。第二，在帮扶措施上选择精准发力。一方面以精准到户的要求公平分配扶贫资金与资源，另一方面以产业扶贫、教育扶贫等手段开展帮扶工作，为贫困人口提供公平的竞争机会。第三，依靠大数据技术实现扶贫精细化管理、精细化考核，扶贫全过程完全公开透明，由此将可能存在的灰色地带彻底消除，弱势群体权益得到真正保障，实现真正的结果公平。全面打响脱贫攻坚战，与中共中央总书记习近平“人民对美好生活的向往就是我们的奋斗目标”[③]的深刻论断相一致，只有将以人民为中心的发展理念融汇到保障社会公平正义的治贫实践中，才能真正彰显这一方案的中国色彩。[④]

① 中共中央宣传部：《习近平总书记系列重要讲话读本（2016 年版）》，学习出版社，2016，第 88 页。

② 中共中央文献研究室：《习近平关于社会主义社会建设论述摘编》，中央文献出版社，2017，第 78 页。

③ 习近平：《习近平谈治国理政》，外文出版社，2014，第 56 页。

④ 宋锐、曹东勃：《中国贫困治理的制度透视及实践导向》，《甘肃社会科学》2020 年第 6 期。

（三）巩固脱贫成果，推进国家治理现代化

中国道路“以民为本”的治理思维使统治者能够吸取前人治理的经验和教训，并且根据不同条件和问题进行调适，这种调适能够给大众提供自主性和积极性，从而创造更大的财富。[①] 党的十八届三中全会提出，要创新社会治理体制，推进国家治理体系和治理能力现代化。治理体系现代化的过程，是国家治理能力的总量不断增长和质量不断提高的过程。政府治理的重心从以促进经济增长为主，转向改善收入分配、城乡融合发展、生态环境治理、脱贫攻坚等一系列更全面、更艰巨的任务。[②] 同时，市场在资源配置中发挥着决定性作用，社会治理从一元治理向多元共治转变，更加强调治理主体多元化、治理方式多样化，企业、社会组织、私营部门等力量参与治理分担了部分政府职能，使政府能够集中力量发挥自身优势。[③] 贫困治理是国家治理的重要组成部分，是国家自上而下进行社会再动员、再组织和再塑造的过程，也是充分发挥社会主义集中力量办大事的制度优势的集中体现，内在地成为国家治理体系的重要内容。中国特色的贫困治理体系与国家治理相互促进、相互推动，脱贫攻坚的制度安排和实践经验，有效推动了国家治理体系的进一步完善，推进了国家治理体系和治理能力现代化建设。

---

① 徐勇：《历史延续性视角下的中国道路》，《中国社会科学》2016 年第 7 期。

② 张莉：《财政规则与国家治理能力建设——以环境治理为例》，《中国社会科学》2020 年第 8 期。

③ 陈进华：《治理体系现代化的国家逻辑》，《中国社会科学》2019 年第 5 期。

第八章
中国反贫困的经验

改革开放以来，中国走出了一条独具特色的反贫困道路，形成了贫困治理的中国经验。反贫困的中国经验一方面是具有普遍意义的经济社会转型发展的巨大成就，另一方面也是在中国特色国家、市场与社会关系中形成的独特的减贫发展叙事。① 改革开放以来，中国贫困治理实现了由“政府包揽”到“多元共治”、“救济式扶贫”到“开发式扶贫”、“物质帮扶”到“扶志扶智”、“区域瞄准”到“个体瞄准”、“大水漫灌”到“精准滴灌”的转变。② 从改革开放的大规模开发式扶贫到新时期的精准扶贫与脱贫攻坚，中国始终坚持将政治优势与制度优势、组织优势相结合，经济发展与扶贫工作相结合，国家主导与社会参与相结合，外部帮扶与内生脱贫相结合，为世界反贫困事业贡献了中国经验。

中国反贫困的经验主要包含以下四个方面的内容：第一，国家主导的反贫困行动。党和国家主导的综合性反贫困战略是中国减贫奇迹的核心经

① 李小云、徐进、于乐荣：《中国减贫四十年：基于历史与社会学的尝试性解释》，《社会学研究》2018 年第 6 期。

② 向德平、华汛子：《改革开放四十年中国贫困治理的历程、经验与前瞻》，《新疆师范大学学报(哲学社会科学版)》2019 年第 2 期。

验。其中,中国共产党以消除贫困为初心构筑的发展型政治,构成了中国特色反贫困道路的政治优势。扶贫政治议程与行政科层制强力整合的政党体制,构成了中国特色反贫困道路的制度优势。常规化科层治理与运动式治理的结合,构成了中国脱贫攻坚集中力量办大事的组织优势。第二,以发展为基础的贫困治理。在发展中消除贫困是中国反贫困的重要经验。一方面,中国将经济发展作为消除贫困的根本途径,在改革开放以来的制度变迁与社会转型的背景下,持续将经济发展与扶贫开发工作相结合;另一方面,持续强化国家自主发展能力,中国拥有了远超其他发展中国家的强大国家能力来推动大规模减贫行动。第三,多元主体参与的大扶贫格局。中国特色反贫困道路的总体架构可以概括为政府主导下的专项扶贫、行业扶贫与社会扶贫“三位一体”的大扶贫格局。中国大扶贫格局表现出鲜明的制度主义传统①,国家始终在整合与调动资源,动员市场、社会主体在参与反贫困的过程中发挥主导作用。在国家有意识地让渡空间与规范引导下,市场主体与社会组织等各种社会力量日益深度参与贫困地区的经济社会发展,成为扶贫开发工作中不可或缺的重要角色。第四,以文化主体性为支撑的反贫困。在国家主导的制度优势之外,中国的反贫困奇迹背后自有其社会文化基础。一方面,中国在本土文化传统中挖掘有益于减贫的观念与要素来对抗贫困文化的产生;另一方面,利用自身特有的家国天下的关系动员全社会力量、构建大扶贫格局。由此,中国实现了从本土社会文化传统出发来激活农民主体性的精神扶贫,从而在反贫困行动领域找到了一条与自身社会文化传统相协调的减贫发展道路。

---

① Midgley J, *Social Development: The Developmental Perspective in Social Welfare*. (London: Sage Publications, 1995.) pp. 140 - 143.

一、国家主导的反贫困行动

国家主导的贫困治理被视为中国减贫道路的核心经验。消除贫困既是中国共产党的初心使命,又被作为一项重要的议题纳入中国经济社会发展总体规划中。20 世纪 70 年代末,中国开启了大规模开发式扶贫,标志着传统救济式扶贫向制度化扶贫的转变。随后,中国先后制定出台《国家八七扶贫攻坚计划(1994—2000 年)》《中国农村扶贫开发纲要(2001—2010 年)》《中国农村扶贫开发纲要(2011—2020 年)》等,一系列扶贫开发规划的出台,意味着中国在国家层面持续构建反贫困的制度性框架,始终有意识地将反贫困议题纳入国家发展的总体规划,坚持自上而下,有组织、有层次、分阶段地推进反贫困战略。从大规模开发式扶贫到新时期脱贫攻坚,中国在国家主导的贫困治理中充分践行政党的初心使命及群众路线的政治优势,充分发挥了中国特色政党体制的统合制度优势,并且经由行政主导下的超常规组织动员实现科层体系内部的整合与再造,从而为反贫困的集中攻坚打下了组织基础。

(一)中国共产党的政治优势

中国共产党的初心与使命,为中国贫困治理提供了根本遵循和行动指南。消除贫困、改善民生、逐步实现共同富裕,是社会主义的本质要求,是党的重要使命。[①] 中国共产党成立之初就将摆脱贫困作为党的核心目标之一,

① 中共中央党史和文献研究院:《习近平扶贫论述摘编》,中央文献出版社,2018,第 13 页。

中华人民共和国成立后又进一步将之作为治理国家的重要使命和政治议程的核心内容。中国共产党主张通过变革中国的社会生产关系来摆脱贫困，将实现社会现代化作为摆脱贫困的主要内容，这是理解中国当代扶贫工作的政治基础与历史背景。① 社会主义的国家性质和中国共产党的政治主张与使命担当，决定了国家主导贫困治理的天然合法性与正当性，同时也决定了党和国家在消除贫困方面的政治责任。这一政治责任在改革开放 40 多年来的扶贫开发历程中，转化为党对消除贫困的庄严承诺，转化为阶段式的扶贫开发战略规划及具体行动。基于党的初心与使命所形成的政治议程不断融入国家治理的整体规划，并且在反贫困实践中逐步完善为中国特有的发展型政治。② 中国贫困治理中的政治优势不仅指向融入国家发展规划的政党初心与使命，而且也指向中国特色的党建扶贫及群众路线的贫困治理传统。1986 年，从贵州开始并在脱贫攻坚中逐渐扩展到全国的党建扶贫模式，有效实现了贫困治理与社会治理的整合一体，充分显示了中国贫困治理的政治优势。③ 脱贫攻坚以来大规模的干部下乡驻村帮扶及结对帮扶，源自中国共产党自革命时期以来的干部下乡、群众路线传统。据《人民日报》报道，2020 年为了打赢脱贫攻坚战，全国累计选派了 25.5 万个驻村工作队、300 多万名第一书记和驻村干部，同近 200 万名乡镇干部和数百万村干部一道奋战在扶贫一线，鲜红的党旗始终在脱贫攻坚主战场上高高飘扬。贫困治理中大量干部下乡，充分践行了中国共产党的群众路线，也持续密切了干部与群

---

① 李小云：《河边扶贫实验：发展主义的实践困惑》，《开放时代》2020 年第 6 期。

② 李小云、徐进、于乐荣：《中国减贫的基本经验》，《南京农业大学学报(社会科学版)》2020 年第 4 期。

③ 孙兆霞：《以党建促脱贫：一项政治社会学视角的中国减贫经验研究》，《中国农业大学学报(社会科学版)》2017 年第 5 期。

众之间的联系，拉近了国家与农民间的距离，让执政者的初心在扶贫实践中不断得到诠释。

（二）党政统合的制度优势

反贫困议题中，同职同责的党政体制促进了政治与行政的有机整合。党委领导、政府负责的贫困治理结构最大限度地发挥了中国特色党政体制的政治优势与制度优势，在大规模减贫中起到了关键作用。政党组织与政府行政体系相融合而成的党政体制是中国国家治理体制的重要特征。[①] 党的领导作为党政体制的轴心，贯穿于条块结构和政治伦理之中。[②] 中国在脱贫攻坚中充分践行党政一把手负总责的领导责任制，确保了党政一把手主体责任制下的资源统筹、政策执行与组织动员，有效促进了贫困治理中政治与行政的系统性整合及协调。党组织与政府系统的融合既能有效保证党的政治议程与行政科层体系间的一致，又能利用行政科层体系推动政治议程的有效落地。[③] 这种“党委领导、政府负责”的政党体制，推动了中国共产党的政治议程与科层行政体系的强力整合，实现了政治与行政力量的统一，将政治势能与行政效能深深嵌入减贫实践中。在党和政府主导的综合性贫困治理方案中，中国借助科层制、市场化及社会化的混合路径展开扶贫开发行动，依托五级书记一起抓的首长负责制、第一书记及驻村帮扶等组织运作机制，将扶贫单元由区域和整村范畴精确到户，使自上而下的外部“输血”与自

---

① 景跃进、陈明明、肖冰：《当代中国政府与政治》，中国人民大学出版社，2016，第36页。

② 陈柏峰：《党政体制如何塑造基层执法》，《法学研究》2017年第4期。

③ 李小云、徐进：《消除贫困：中国扶贫新实践的社会学研究》，《社会学研究》2020年第6期。

下而上的内部“造血”形成合力，提高了扶贫效率，推动了消除绝对贫困愿景的实现。①

（三）运动与常规结合的组织优势

脱贫攻坚并非一项常规性的治理任务，精准扶贫以来的贫困治理也绝非严格意义上的科层治理。实际上，新时期的反贫困实践与科层治理体系之间有一种既亲和又背离的紧张关系。② 从政府内部的组织视角来看，中国集中力量打赢脱贫攻坚战的关键经验在于常规科层治理与超常规运动式治理结合，既突破了科层制束缚实现快速有效的组织动员，又借助科层制的技术化与规范化运作确保了扶贫政策的落地。面对超常规的脱贫攻坚任务，中国集中力量消灭绝对贫困的基本经验之一是通过运动式治理打破原有科层体系并对其进行重构。在脱贫攻坚的责任机制上，中国政府高位推进了省、市、县、乡、村“五级书记一起抓扶贫”的脱贫攻坚责任制，层层签订责任书、立下军令状，压实脱贫攻坚责任。在脱贫攻坚的组织架构上，从中央到地方建立党政一把手牵头、各部门参与的“脱贫攻坚指挥部”，从而打破了政府内部条块分割的治理界限，打通使用各部门资源与力量的路径，实现政府内部资源的高效整合与统筹。在脱贫攻坚的层级协作上，推动政府间权责配置的调整，在坚持政府顶层设计的基础上逐级给予地方政府将“政策”转译为“操作文本”的权限，充分发挥中央和地方的积极性。③ 脱贫攻坚中的责

---

① 苏海、向德平：《贫困治理现代化：理论特质与建设路径》，《南京农业大学学报(社会科学版)》2020 年第 4 期。

② 许汉泽、李小云：《“行政治理扶贫”与反贫困的中国方案——回应吴新叶教授》，《探索与争鸣》2019 年第 3 期。

③ 吕方、梅琳：《“复杂政策”与国家治理——基于国家连片开发扶贫项目的讨论》，《社会学研究》2017 年第 3 期。

任、权力、资金与任务“四到县”改革、地方政府“统筹使用涉农资金”和扶贫“项目库”制度等多项内容均推动了中央和地方关系上的制度化赋权，促成了中国乡村发展与贫困治理领域形成中央和地方协作的发展体制。① 在脱贫攻坚的政策执行上，以行政包干的方式推动部门包村、干部包户，以驻村帮扶的形式推动国家代理人嵌入基层贫困治理结构，在政府部门的机关干部与贫困村和贫困户之间建立起临时性的制度联系与人格化的情感联系，以确保从上至下的政策渠道畅通与落地执行。

与此同时，中国的贫困治理不断向科层化和技术治理的方向演进。从大规模开发式扶贫到新时期脱贫攻坚，中国扶贫的方式越来越精细化、技术化、精准化。2013 年，中央印发《关于创新机制扎实推进农村扶贫开发工作的意见》《建立精准扶贫工作机制实施方案》等重要文件，标志着精准扶贫逐步成为新时期国家贫困治理体系的理念基石与体制机制创新的总体抓手。② 精准扶贫政策实施以来的数字下乡从数字在地化、数字系统化、数字逻辑化三个维度推动扶贫行动的全过程精准。③ 大量数字管理技术的运用有效防止了扶贫资源的瞄准失准、执行偏差等问题。在精准扶贫与脱贫攻坚实践中，中国逐渐完成了贯穿扶贫始终的行政统筹机制、资金机制、扶贫干部队伍管理机制、村组织建设机制、扶贫考核监督与问责机制等的科层化技术改造，形成了中国扶贫的精准行政模式。④ 中国反贫困的精准行政模式有效强

① 吕方：《“新下乡时代”的来临——理解脱贫攻坚的知识贡献》，《华东理工大学学报(社会科学版)》2021 年第 2 期。

② 吕方、冯瑞英：《“田野行政”视域下的县域精准扶贫》，《福建论坛(人文社会科学版)》2018 年第 1 期。

③ 王雨磊：《数字下乡：农村精准扶贫中的技术治理》，《社会学研究》2016 年第 6 期。

④ 王雨磊、苏杨：《中国的脱贫奇迹何以造就？——中国扶贫的精准行政模式及其国家治理体制基础》，《管理世界》2020 年第 4 期。

化了扶贫议程转向扶贫实践的行政动力，有效促进了扶贫工作与常规工作的整合协作，有效推动了扶贫全过程的精细化管理与考核，增强了反贫困行动的整合动员能力及减贫效果。新时期的脱贫攻坚实践是在反贫困政策议程的推动之下，通过行政体系传递发展资源的过程，[①]也是运动式治理与常态化科层治理相结合的过程。运动式治理与常态化科层治理在脱贫攻坚中的结合，一方面能够实现科层组织内部的强力动员能力，另一方面也保证了贫困治理的高效运行。常态化科层治理逻辑与运动式治理逻辑的交替与配合，充分彰显了中国特色社会主义制度集中力量办大事的组织优势，构成了中国特色脱贫攻坚模式的典型经验，为世界减贫贡献了中国经验与中国方案。

二、以发展为基础的贫困治理

以发展为基础的贫困治理，是中国取得大规模反贫困成就的关键经验。这一经验至少包含了两个重要的维度：一方面是经济发展与扶贫开发的统一，坚持在发展中消除贫困；另一方面是发展型国家的建设，强大的国家自主发展能力与治理能力构成了中国发动大规模减贫行动的前提。马克思主义政治经济学的根本立场是“发展为了人民”；中国共产党的执政宗旨是“消除贫困、改善民生、实现共同富裕”。中国之所以能数十年如一日，持续不断地开展减贫行动，关键原因之一就是中国社会制度和体制所蕴含的强大原动力，能够将公平与效率两大发展逻辑统一起来，实现经济发展与反贫困实

① 李小云、徐进：《消除贫困：中国扶贫新实践的社会学研究》，《社会学研究》2020 年第 6 期。

践的良性互动。中国减贫成就是经济高速增长与大规模扶贫开发共同作用的结果。改革开放以来的一系列制度变迁所带来的转型发展,为大规模减贫奠定了经济社会基础,成为中国反贫困实践的一大推动力。与此同时,独立自主的国家政权建设与强大的国家自主发展能力成为中国实现经济高速增长与大规模减贫奇迹的坚强后盾。中华人民共和国自成立以来通过独立自主的国家政权建设,大大提高了国家穿透社会并贯彻其政治决策的基础性权力。① 进入21世纪以来,我国不断推动国家治理体系与治理能力现代化,使我国有足够强大的能力开展大规模减贫行动。中国有远超其他发展中国家的自主性,强大的自主发展能力成为中国式减贫区别于其他发展中国家减贫实践的重要经验之一。

(一) 转型发展为反贫困奠定经济社会基础

中国反贫困的重要经验是以发展为基础的贫困治理,改革开放以来的制度变迁与转型发展为国家减贫行动奠定了经济社会基础。对中国减贫成就的解释通常有两种路径:一是传统的发展主义经济观,强调经济增长对减轻贫困的带动作用,即通常所说的益贫性增长;二是制度主义对国家在贫困治理中主导作用的强调。② 这两种观点均只有部分解释力,实际上要将两种观点结合起来才能接近中国反贫困的经验现实。改革开放以来,经济社会转型发展的历程也印证了中国减贫成就应归功于制度变迁、经济增长和扶贫开发政策共同作用的结果。

---

① 迈克尔·曼:《社会权力的来源》,陈海宏等译,上海人民出版社,2016,第66页。

② 李小云、徐进:《消除贫困:中国扶贫新实践的社会学研究》,《社会学研究》2020年第6期。

20 世纪 70 年代末，面对国内的经济发展水平，国家开始尝试体制改革并推动经济社会转型。经济社会改革后，国民经济迎来高速发展，为大规模减贫及消灭绝对贫困的脱贫攻坚奠定了基础。改革的序幕率先在农村拉开，以家庭联产承包责任制为核心的农村经营体制改革开始将农民从公社与集体的束缚中解放出来，使农村生产重新回到家庭经营的模式中去。农民重新回到家庭生产生活的主轴中，极大地释放了生产力。转型时期及市场经济的巨大发展红利，使“市场”“效率”“发展主义”成为 20 世纪 80 年代和 90 年代的重要词汇。① 随着家庭承包经营、土地制度改革、乡镇企业发展的深入，农村改革释放的活力逐渐与随后的城市改革及市场化改革交相辉映，同时推动扶贫行动由传统的救济式扶贫逐步走向大规模开发式扶贫。中国逐步确定了以发展带动反贫困的基本原则，即把发展作为消除贫困的根本途径，注重内生动力的激发与发展能力的培育，发挥农村与农民在脱贫中的主体作用。改革开放后，不断释放的市场经济活力及不断活跃的社会组织显示了市场机制的益贫性和社会组织参与扶贫的可能性。

改革开放以来的转型发展，彰显了中国始终坚持在发展中消除贫困，在发展中战胜贫困的减贫思路。改革开放以来的大规模扶贫开发，是制度变迁、经济增长双重作用的产物。乡村生产关系的系列制度变革，推动家庭经营机制的回归和小农生产方式的整体性复位，激活了乡村生产动力与个体农民的生产积极性。② 党对减贫的坚定政治承诺、持续不断的扶贫开发战

① 向德平、黄承伟：《中国反贫困发展报告—2019—民营企业扶贫专题》，华中科技大学出版社，2020，第 56 页。

② 李小云、徐进、于乐荣：《中国减贫四十年：基于历史与社会学的尝试性解释》，《社会学研究》2018 年第 6 期。

略、中央与各级政府的强力整合动员机制、公平的土地分配制度及改革开放初期较为公平的收入分配制度等构成了中国减贫成就的重要制度基础。① 在大规模开发式扶贫中，减贫目标和行动开始与区域经济社会整体发展融为一体，成为区域发展整体规划中制度化的一环。因此，中国减贫一方面受益于经济社会转型后农村经济的高速增长，另一方面受益于制度化的扶贫开发行动。生产关系变革、产业发展带动，以及扶贫战略、公共服务体系的结合，显示了强烈的发展主义减贫特征。20 世纪 80 年代开始并延续至 21 世纪的大规模减贫行动实际上是扶贫与开发相结合的双面过程，同时也是发展性与公共性相结合的双面过程。市场经济活力的释放带来国民经济水平的提升与生活的改善，持续加大的贫困地区基础设施投入和基本公共服务投入，切实保障了贫困地区及贫困人口的生存权与发展权。在制度变迁、经济增长与有意识的扶贫开发战略的共同作用下，中国形成了一条特色鲜明的减贫道路，即在发展中应对贫困、消除贫困并最终战胜贫困的道路。因此，不能将中国脱贫攻坚的成就单纯视为经济增长或政府行动的结果。中国消除贫困的根本经验，实际上蕴含在经济社会转型发展的背景之下，国家、市场与社会力量的交织与互动之中。渐进式的农业农村体制改革为大规模反贫困奠定了制度基础，改革开放后国民整体经济福利的增长构成了大规模减贫的先决条件。改革开放以来的制度变迁与经济社会整体的转型发展，为大规模减贫奠定了结构性基础，并且成为大规模减贫的重要原动力。

① 汪三贵：《中国 40 年大规模减贫：推动力量与制度基础》，《中国人民大学学报》2018 年第 6 期。

（二）国家自主发展能力是反贫困的重要前提

消除贫困需要强大的国家能力作为保障。在认识中国反贫困的历史经验时，仅仅强调国家主导、政府主导，并不足以显示中国反贫困经验的特殊性。与其他发展中国家相比，强大的国家能力是中国能发动并成功实现大规模减贫实践的重要保障。中国独立自主的国家政权建设、强大的国家发展能力所推动的国家治理能力与治理体系现代化，以及有意识地将反贫困融入国家治理体系的持续努力，促成了中国大规模的反贫困行动。中国既有能力发动大规模减贫行动，又能依靠现代化治理能力确保贫困治理效能、实现有效的贫困治理，这是中国反贫困经验的关键所在。

在中国共产党的政治实践中，“发展”始终位于国家政治实践的核心位置。中国共产党的政治议程是基于改善贫困阶层的社会境遇而逐步形成的，中国共产党政治议程的发展和将此发展的政治议程转变为国家的政治实践，构成了由中国国家主导发展的基本机制。① 这样一个具有强烈革新精神的发展型政党，在中华人民共和国成立之初就立即着手完成对传统社会的改造，创制社会主义国家体制并建立强有力的国家政权。中国通过独立自主的国家政权建设及发展型政党的建设，逐步增强国家自主性，强化了国家治理穿透社会的基础性权力。进入 21 世纪以来，中国进一步将国家治理体系与治理能力现代化作为国家建设的核心任务，不断增强国家发展的自主性与国家治理能力。在强有力的政党政治与国家治理能力的保障下，中国有能力推动国家主导的减贫行动，集全党全社会之力打赢脱贫攻坚战。在有意识地将反贫困纳入国家发展规划的过程中，中国连续出台多个阶段

① 李小云、徐进、于乐荣：《中国减贫的基本经验》，《南京农业大学学报（社会科学版）》2020 年第 4 期。

性扶贫开发纲要,凸显了国家贫困治理的主体责任与治理能力。8 年精准扶贫,中央、省(自治区)、市、县财政专项扶贫资金累计投入近 1.6 万亿元,[①]显示了国家对反贫困的强大支撑能力。脱贫攻坚过程中,“中央统筹、省负总责、市县抓落实”的管理体制架构了“央—地”协作的治理体系,保持了中央统筹指导与地方因地制宜探索创新之间的协调关系。[②] 脱贫攻坚中形成的层级分工、合力攻坚的系统化和制度化贫困治理体系与治理机制,激活了我国的制度优势,提升了贫困治理效能。脱贫攻坚与国家治理能力现代化相互促进,缓解了中国国家治理长期以来面临的权威体制与有效治理之间的张力,[③]充分发挥了中央和地方的积极性,形成上下联通、高效协同的现代化贫困治理体系。

包括中国在内的广大发展中国家在追求后发现代化的过程中面临两个几乎同步的关键任务:一是经济发展,主要指向市场化与经济增长;二是秩序建构,主要指向国家建构及政治权威的创制。[④] 市场经济并不天然导向国民经济的充分发展及贫困的消除,若只重视市场化发展而缺少强有力的国家政权建设,其结果可能落入拉美国家所面临的发展陷阱。拉美国家的自由化发展路径与依附发展模式的失败,客观上印证了亨廷顿(Huntington)所强调的后发现代化国家应加强国家自主性的重要判断。同样是后发现代化国家,中国在消除贫困上却远远比其他发展中国家更为高

① 资料来源:据《8 年来财政专项扶贫资金累计投入近 1.6 万亿元》整理。

② 吕方:《“新下乡时代”的来临——理解脱贫攻坚的知识贡献》,《华东理工大学学报(社会科学版)》2021 年第 2 期。

③ 周雪光:《权威体制与有效治理:当代中国国家治理的制度逻辑》,《开放时代》2011 年第 10 期。

④ 塞缪尔·P. 亨廷顿:《变化社会中的政治秩序》,王冠华、刘为等译,上海人民出版社,2008,第 77 页。

效、彻底。其关键就在于中国共产党领导下的中国完成了更为独立自主的国家政权建设并形成了更为强大的国家自主发展能力。强大的国家能力支撑了贫困治理体系与治理能力的现代化，这是中国式减贫区别于其他发展中国家减贫实践的重要经验之一。作为一个后发现代化国家，中国通过国家行政主导下的贫困治理实践，充分展示了发展中国家应如何在“发展”与“秩序”两大命题之间保持平衡，如何在国家发展中保持自主性并将国家能力转化为减贫与发展的强大推动力。

三、多元主体参与的大扶贫格局

政府主导下社会力量广泛参与扶贫开发工作，是中国反贫困实践的基本经验之一。改革开放以来，国家持续为市场和社会力量“松绑”，政府也不断调整自身在扶贫开发中的位置与形象。国家和政府不再像集体化时代那样以威权主义的政府印象、大包大揽的总体主义行事风格来推进扶贫开发事业，而是进一步朝着引导者、协调者、整合者的形象转变。① 广义上的社会力量参与扶贫，是除国家政府行政机关扶贫以外所有扶贫工作的总称，涵盖市场主体、社会组织及社会个体层面的反贫困参与。② 大规模开发式扶贫以来，市场主体、社会组织及社会个体均以更为积极的姿态响应政府治理形态的转型，全面参与扶贫开发行动。以往“单中心”的政府主导扶贫模式也逐

---

① 向德平、黄承伟：《中国反贫困发展报告—2019—民营企业扶贫专题》，华中科技大学出版社，2020，第 45 页。

② 向德平、黄承伟：《中国反贫困发展报告—2014—社会扶贫专题》，华中科技大学出版社，2014，第 27 页。

步向“多中心”的政府主导下多元主体参与的模式转型。[①] 自脱贫攻坚实施以来，中国坚持动员全社会参与，逐渐形成了政府、社会、市场协同推进的大扶贫格局。

（一）市场主体是反贫困的重要杠杆

改革开放以来，乡镇企业的崛起与民营企业的蓬勃发展迅速成为当时最引人注目的力量。各类非公有制经济构成的市场力量很快成为带动农村发展的关键力量，间接显示市场机制的益贫性及市场主体参与贫困治理的可能性。随着大规模开发式扶贫的推进，各类市场主体响应国家号召，逐步参与扶贫开发行动。市场主体参与贫困治理，为中国反贫困增添了新的行动路径与行动方案，有效填补了以往政府单一主导的行政式扶贫“政府失灵”的弊端，也有效回应了中国多元贫困的现实。相比于政府行政式的财政资金与资源的“输血式”供给，市场主体参与反贫困有利于充分利用市场规律，持续性地激活贫困地区生产要素及贫困群众的自我“造血”功能。在将贫困地区与贫困群众介入现代市场体系的过程中，在市场主体与农村、农民之间建立利益联结，形成扶贫与脱贫的长效机制。

需要注意的是，市场并不必然能解决贫困问题，市场主体天然具有追求效率与利益最大化的倾向，在市场理性与贫困治理之间也存在一定的张力。这决定了市场同样具有失灵的风险。市场失灵对贫困治理的影响集中在三个方面：一是经济增长间接产生的益贫性边际效应递减，单靠市场经济的“涓滴效应”难以为贫困地区提供公共服务与公共物品；二是市场机制对规

---

① 贾玉娇：《反贫困的中国道路：1978－2018》，《浙江社会科学》2018 年第 6 期。

模化经济的偏好，易陷入片面化、同质化发展的“规模化迷思”；三是农村贫困地区在接入现代市场化轨道的同时，也将脆弱的小农经济暴露在市场风险之中。① 而中国在处理市场扶贫中的重要经验是“国家在场”的引导调控，在政府的规范引导下让市场主体有序参与反贫困行动。有别于以往的“资本下乡”“新下乡时代”国家力量的制度在场和经验在场，为“资本下乡”的权益和职责设定了清晰的制度边界。② 政府的调控，既有效规范了市场主体的运作、消除了市场机制的弊端，又为贫困群体构筑了相应的社会安全网。政府主导与市场经济的结合，在宏观控制下更好地释放了市场主体的益贫性。脱贫攻坚时期，中央企业累计投入帮扶资金近千亿元，派出各类扶贫干部1万余名。中华全国工商业联合会数据显示，脱贫攻坚期间累计有10.95万家民营企业参与“万企帮万村”行动。截至2020年6月底，“万企帮万村”行动累计产业投入915.92亿元，公益投入152.16亿元，安置就业79.9万人，技能培训116.33万人，共带动和惠及1 564.52万个建档立卡贫困人口。人力资源和社会保障部数据显示，脱贫攻坚过程中，中国建档立卡贫困人口90%以上得到了产业扶贫与就业扶贫的支持，他们中有三分之二以上的人依靠外出务工和产业脱贫极大改善了生活条件。可见，政府规范引导下的产业扶贫成了稳定脱贫的根本之策。

（二）社会组织是反贫困的坚实基础

相比传统的多元主义观点追求的“去中心化”的治理，中国在反贫困中

---

① 向德平、黄承伟：《中国反贫困发展报告—2019—民营企业扶贫专题》，华中科技大学出版社，2020，第36页。

② 吕方：《“新下乡时代”的来临——理解脱贫攻坚的知识贡献》，《华东理工大学学报（社会科学版）》2021年第2期。

呈现的是以政府为中心的治理，更贴近于“元治理”的概念，即国家柔性主导、社会主体参与的贫困治理格局。在扶贫开发实践中，社会组织与市场主体一并构成了社会扶贫的关键主体，在国家贫困治理体系中发挥着不可或缺的作用。区别于政府以公共政策为核心的减贫行动，以及市场以效率为核心的减贫行动，社会组织可以有效缓解贫困治理中“政府失灵”与“市场失灵”现象。社会组织参与扶贫的优势一方面在于能吸纳社会资源，扩充贫困治理资源总量；另一方面在于充当公益供给与需求间的桥梁，并且能更灵活地响应多元化、差异化需求。①

社会力量是实现反贫困的坚实基础。定点扶贫、东西协作扶贫，以及国内、国际社会组织和公众参与扶贫行动构成了不同于政府和市场的“第三种主体”。改革开放40多年的减贫经验证明，社会组织一直是反贫困行动中一支不可替代的行动力量。据《中国新闻网》报道，截至2020年年底，全国社会组织固定资产4 785.5亿元，吸纳就业1 061.8万人。各类社会组织广泛参与脱贫攻坚，实施扶贫项目超过9.2万个，投入各类资金1 245亿元。中央财政设立支持社会组织参与社会服务项目，累计投入资金15.8亿元，直接受益对象达1 300多万人次。社会组织以其专业性、灵活性的特点推动扶贫开发方式与方法的创新，不仅推动参与式扶贫、可行能力建设等先进理念融入国家反贫困实践中，也以公益催化的方式为脱贫攻坚创造新的动力，成为社会扶贫理念与模式创新最快的领域。② 社会组织参与扶贫，既可以填充、募集社会资源惠及更多的贫困人口，又可以将参与式扶贫、可行能力建设等先

① 向德平、黄承伟：《中国反贫困发展报告—2016—社会组织参与扶贫专题》，华中科技大学出版社，2016，第78页。

② 向德平、黄承伟：《中国反贫困发展报告—2018—公益慈善扶贫专题》，华中科技大学出版社，2019，第86页。

进理念与方法带入贫困治理中，使扶贫工作更有成效。此外，社会组织也是承载减贫经验交流的最佳载体。相比于政府，社会组织可以更为便捷地参与全球扶贫行动，有利于各国的反贫困经验交流与合作；还可以实现中国与国际社会共享减贫经验，共同促进减贫事业的发展。

四、以文化主体性为支撑的反贫困

制度优势与国家主导通常被人们用来解释中国快速发展与减贫奇迹的内在原因，而其后的社会文化支撑却未得到足够的重视。事实上，中国独特的家国关系与社会文化传统是中国反贫困道路上重要的内驱力。从大规模开发式扶贫到新时期脱贫攻坚乃至乡村振兴，中国农村经济发展与减贫既受制于社会和文化因素，①又受益于一些中国特有的社会机制所发挥的作用。② 社会文化对反贫困的支撑，一方面体现在中国独特的家国关系所蕴含的扶贫动能上；另一方面来自进取文化与社会文化传统的碰撞所激活的农民主体性。

（一）家国关系与中国特色的大扶贫格局

中国的国家与农民之间的关系不是西方式的分化与博弈的关系，而是立国为家、化家为国的"家国一体"的关系。③ "家国一体"或者说"家国同构"

① 王春光：《中国社会发展中的社会文化主体性——以 40 年农村发展和减贫为例》，《中国社会科学》2019 年第 11 期。

② 李小云、徐进、于乐荣：《中国减贫四十年：基于历史与社会学的尝试性解释》，《社会学研究》2018 年第 6 期。

③ 周飞舟：《从脱贫攻坚到乡村振兴：迈向"家国一体"的国家与农民关系》，《社会学研究》2021 年第 6 期。

的关系与儒家传统有着深厚的渊源。儒家伦理讲究一个“推”字，推出以自我为中心的差序格局，以及“身—家—国—天下”的儒家理想。中国的国家治理在吸收传统的“仁政”“民本”等思想的基础上，强化政府对扶贫的主体责任的同时，也融合了“身—家—国—天下”的儒家理想，形成了社会性的扶贫政治文化。① “家国一体”的文化集体主义传统对理解中国减贫成就具有重要意义，生长于文化集体主义中的权威型政府、大局意识、家庭传承意识及内生动力，构成了“修—齐—治—平”的理想内核，从家庭推开来并为更大范围的熟人网络及国家提供向心力。② 中国在 40 多年的发展中能实现如此大规模的减贫奇迹，其背后的社会文化机制就是独特的家国关系。国家的扶贫政治实践及个体的脱贫致富努力均嵌入“家国一体”的社会关系结构之中。因此，中国的反贫困天然蕴含着调动社会各方面力量参与的强大动能，“身—家—国—天下”的传统有益于推动国家、市场、社会及个人共同参与的社会性扶贫政治文化，形成多元参与的社会扶贫格局。

（二）进取文化与农民主体性

中国反贫困的重要经验之一是重视农民的主体性作用。在一些其他国家政府主导的扶贫行动中，农民始终是被动接受改造的对象。而中国在脱贫攻坚中形成的重要经验是“扶贫先扶志，扶贫必扶智”。脱贫攻坚中强调的扶志扶智指向于打破贫困的社会文化，代之以进取致富的社会文化。国家既不断通过进取话语与励志话语的生产（如不能“等、靠、要”）来培养进取

① 李小云、徐进、于乐荣：《中国减贫四十年：基于历史与社会学的尝试性解释》，《社会学研究》2018 年第 6 期。

② 陆汉文、彭堂超：《“文化集体主义”与中国农村减贫——兼论“中国经验”的特殊性》，《江汉论坛》2016 年 3 期。

型脱贫文化，又利用人情、面子等传统乡土观念（如“笑贫文化”）来激励贫困人口的脱贫主动性。① 对农民主体性的重视也充分融入政府主导的脱贫攻坚整体方略与政策体系之中。进入 21 世纪以来，中央连续发布多个以“三农”为主题的一号文件，多次强调坚持农民的主体地位。其中，2016 年中央一号文件提出“实施脱贫攻坚工程”，明确指出“把坚持农民主体地位、增进农民福祉作为农村一切工作的出发点和落脚点”。脱贫攻坚过程中，各地积极发展扶贫产业，建设扶贫车间，发展合作社，鼓励农民以多种形式参与集体经济和专业合作社，引导农民参与村庄公共事务等实践，均是尊重农民主体性的重要探索。这些探索既有益于农户与市场机制的对接，又有益于农村的组织再造，提高农民的组织化程度。一方面，中国的扶贫工作将进取文化与乡土文化结合，在对贫困人口实现社会意义再生产的过程中激发农民的内生脱贫动力；另一方面，注重主体性培育与激发的脱贫攻坚实践，既充分尊重了农民主体性及在地社会文化，又促进了我国扶贫主体与扶贫客体间的资源传递和政策实施由传统的单向输入式扶贫模式转变为尊重扶贫客体意愿的模式，强调扶贫客体自身的参与式、互动式扶贫。脱贫攻坚中对乡土社会文化传统及农民主体性的尊重同多元主体的参与一并构成了贫困治理中“自下而上”的参与式扶贫协作的一环。这使得中国贫困治理不仅是“自上而下”的单向政府扶贫，而且是“自下而上”凸显主体性、参与性与互动性的回应性治理。

在理解中国高速发展及减贫的历史经验时，发展主义、制度优势与国家能力往往是人们关注的重点，而根植于中国社会文化传统中的反贫困的内

① 李小云、徐进、于乐荣：《中国减贫四十年：基于历史与社会学的尝试性解释》，《社会学研究》2018 年第 6 期。

在动力往往被忽视。事实上,中国反贫困成就背后关键的文化因素在于找到了一条与中国独特的家国关系、文化传统相协调的减贫发展道路。这样一种社会文化主体性的确立及在社会文化与国家之间构筑建设性的合作关系,是中国农村发展和减贫得以成功的原因所在。① 通过调动农民内在的、自发的主体性,使外生的推力与内在的动力合一,才能真正实现脱贫致富。未来巩固脱贫攻坚成果与实现乡村振兴有效衔接,关键仍然在于农民的主体性。如何最大限度地从根植于乡土的社会文化传统中汲取前行的动力,如何最大限度地激发广大农村农民发展的内生动力,决定着未来乡村振兴的走向。

---

① 王春光:《中国社会发展中的社会文化主体性——以 40 年农村发展和减贫为例》,《中国社会科学》2019 年第 11 期。

第九章
中国反贫困的世界影响

贫困问题由来已久且具有全球性的影响。可以说，贫困是一项世界性难题，各国政府及众多世界组织多年来长期致力于反贫困。历经60多年艰苦卓绝的探索与努力，中国持续加大扶贫力度，尤其是党的十八大以来，脱贫成效不仅创造了我国扶贫史上的最好成绩，而且使中国的减贫事业继续在全球保持领先的地位，彰显了我国的政治优势和制度优势，开创了一条符合中国国情、具有中国特色的反贫困之路。世界对中国在扶贫事业上的努力和成效给予了高度评价。世界银行2013年4月17日发布的《世界发展指标》报告称，中国极度贫困人口占世界极度贫困人口总数的比例从1981年的43%下降至2010年的13%，中国为世界减贫做出了巨大贡献。中国为世界反贫困事业贡献了中国智慧和中国方案，对丰富国际反贫困理论、推动世界反贫困进程具有重要的意义和价值。

一、反贫困的中国经验

中国是第一个提前实现联合国千年发展目标——贫困人口减半的发展

中国家。在反贫困政策与实践方面，中国既有发展中国家的特点，又有社会主义制度的优势，明确的反贫困路线、坚实的物质和政治保障、多维的扶贫开发项目和循序渐进的反贫困策略是中国反贫困取得成功的关键，也是以精准扶贫策略为代表的中国农村反贫困政策体系科学性的重要体现。①

中国的反贫困行动为发展中国家提供了值得借鉴的反贫困经验与模式。中国反贫困之路是以经济发展为带动力量，以增强扶贫对象自我发展能力为根本途径，将政府主导、社会帮扶与农民主体作用相结合，普惠性政策与特惠性政策相配套，是扶贫开发与社会保障相衔接的中国特色的扶贫开发道路。中国农村的反贫困道路是循序渐进的，在不同时期，根据不同的贫困特征和类型制定具有针对性的反贫困策略是中国农村反贫困取得成功的关键，也是中国农村反贫困道路的特点。向发展中国家实现经济转型和消除贫困提供了可学习的经验和可借鉴的模式。

中国反贫困的基本经验主要包括以下五点内容。一是始终坚持中国共产党的领导，不断推进改革创新，以保持经济持续且稳定的增长，出台有利于贫困地区、贫困人口发展的社会政策，为大规模反贫困奠定了基础、提供了条件。二是坚持政府主导，把扶贫开发纳入国家总体发展战略，作为战略性任务来推进，集中力量组织开展大规模的专项扶贫行动，针对特定人群组织实施妇女、儿童、残疾人、少数民族发展规划。三是坚持开发式扶贫方针，用发展带动反贫困，把发展作为解决贫困问题的根本途径，同时注重调动扶贫对象的积极性与主动性，提升其自身发展能力，发挥其脱贫的主体作用。四是坚持农业优先发展，实行统筹城乡经济社会发展的方略，以及工业反哺农

---

① 王博、朱玉春：《改革开放 40 年中国农村反贫困经验总结——兼论精准扶贫的历史必然性和长期性》，《西北农林科技大学学报(社会科学版)》2018 年第 6 期。

业、城市支持农村与“多予少取放活”的方针，全面促进农村经济社会的发展，使贫困地区和农村贫困人口普遍受益。五是坚持动员社会参与，发挥社会主义制度的优势，构建政府、社会、市场协同推进的大扶贫格局。经过长期努力，中国形成了一整套具有中国特色的反贫困经验，为世界反贫困事业贡献了中国方案。

（一）始终坚持以人民为中心

以民为本是中国反贫困的核心价值。中国共产党自成立以来就把让人民摆脱贫困、过上富裕的生活作为自己的初心和使命，把减贫当作长期奋斗的事业，通过革命、建设、改革、帮扶等一系列手段减少贫困，并且实现了在建党100周年时，全面消除绝对贫困地区和绝对贫困人口的伟大目标，让人民过上了全面小康的生活。中国共产党明确提出了坚持以人民为中心的发展思想，彰显了人民至上和为人民服务的价值取向，反映了坚持人民主体地位的内在要求，既要把增进人民福祉、促进人的全面发展作为发展的出发点和落脚点，又要充分调动人民的积极性、主动性、创造性。中国坚持以人民为中心的根本价值取向，包括以下两点。一是在反贫困行动中充分体现民本思想。检验贫困治理的成效最终是要看人民是不是真正得到了实惠，人民生活是不是真正得到了改善，人民权益是不是真正得到了保障。二是在反贫困行动中充分彰显人的主体性。反贫困必须坚持人民的主体地位，充分激发贫困人群的发展动力和信心，充分发挥人的主观能动性。

（二）坚持以政府为主导的反贫困行动

政府主导是中国实现反贫困目标的根本保证，中国政府主导扶贫策略和政策的制定、主导扶贫资源的组织，以及动员、主导扶贫资金的分配和扶贫项目的实施。同时，健全中央统筹、省负总责、县抓落实的扶贫开发管理体制，创新贫困县考核机制，引导贫困地区领导干部把工作重点放在扶贫开发上。

中央负责顶层设计，做好减贫控制系统的目标使命、结构功能、运行机制和监督实施等工作；省级政府机构分解和布局任务，做好具体任务和计划的安排；县级政府具体落实扶贫工作，由下派干部和本地干部将扶贫政策落实到户、落实到人，确保精准施策，把上级任务落实到位并及时反馈基层情况。中国坚持政府主导使脱贫攻坚战在短短几年的时间里取得了令全世界瞩目的巨大成就。

（三）以脱贫攻坚统揽经济社会发展

中国形成了以产业扶贫为主、多种扶贫策略并举的扶贫行动。党和政府充分调动贫困地区发展的内生动力，因地制宜发展产业；注重发挥市场的作用，推动市场力量参与反贫困行动，通过市场运作的方式，将企业引入贫困地区开展产业扶贫工作。产业扶贫提高了农村地区的经济发展水平，激发了农民群体的发展动力。产业发展是贫困地区提升内生动力和实现稳定脱贫的重要途径，产业发展和产业结构优化对扶贫效率的影响是产业扶贫政策的重点和理论指导。因此，根据不同地区的发展情况，因地制宜优化产业结构，提升市场竞争力；合理规划产业园区建设，提高资源配置效率；鼓励产业协同发展，扩大产业结构优化影响范围等，都是不断推进产业扶贫力度的重要体现。①

① 李波、王惠敏：《产业结构优化对扶贫效率的空间溢出效应——以武陵山片区为例》，《中南民族大学学报（人文社会科学版）》2022 年第 4 期。

企业是打赢脱贫攻坚战的重要力量。在精准扶贫实践中，依托企业等市场主体带动贫困户脱贫是中国贫困治理的重要经验。企业带动贫困户脱贫的关键在于，通过地方政府的主导及针对企业开展的经济、情感、社会和政治动员，企业和贫困户之间形成了新的关系①，促使企业和贫困户之间形成利益联结机制，贫困户由此被嵌入多类型的产业链条，促进了自身的脱贫。产业扶贫在脱贫致富目标的实现上发挥了关键作用。

（四）构建全社会参与的大扶贫格局

扶贫开发是全党、全社会的共同责任，党和政府动员和凝聚全社会力量、调动全社会的资源参与反贫困。社会扶贫具有灵活性、动态性、专业性及强大的资源动员能力，能够高效地整合资源、利用资源，提高反贫困效率，扩大反贫困效果。

社会各界积极参与脱贫攻坚是中国反贫困的一大亮点和特色。摆脱贫困是千百年来中华民族的共同心愿，社会各界一直积极参与其中，成为中国能够集中精力、有信心、有能力保质保量如期实现减贫目标的重要前提。社会各界共同建构“三位一体”的大扶贫格局，强化举措，扩大效果②，用好外力、激发内力、形成合力，把扶贫和扶志、扶智结合起来，把“输血”与“造血”结合起来。聚焦政府部门、社会团体、企业单位等组织和个人，充分发挥社会力量，采取包括定点扶贫、东西部协作、单位职工及党员驻村等社会各界广泛参与和主动配合的方法，将社会的涓涓细流汇聚成脱贫的磅礴力量。

---

① 邢成举、周思聪：《制造关联：精准扶贫实践中的利益联结与关系再构——从地方政府行为切入》，《南京农业大学学报（社会科学版）》2022 年第 2 期。

② 中共中央党史和文献研究院：《习近平扶贫论述摘编》，中央文献出版社，2018，第 34 页。

社会扶贫极大地调动了社会各界的参与性和积极性,是减贫行动中的重要力量之一。

(五)实现人民共享发展成果的目标

共同富裕是中国特色社会主义的根本原则,必须使发展成果更多且更公平地惠及全体人民,朝着共同富裕的方向稳步前进。中共中央总书记习近平指出,做好扶贫开发工作,支持困难群众脱贫致富,帮助他们排忧解难,使发展成果更多、更公平地惠及人民,是我们党坚持全心全意为人民服务根本宗旨的重要体现,也是党和政府的重大职责。让贫困人口共享发展成果、实现共同富裕不仅是中国特色社会主义的本质要求,而且也是我们党全心全意为人民服务宗旨的重要体现。

从世界反贫困的动态性和精准扶贫策略的科学性角度看,精准扶贫策略未来所具有的长期性,无论是中国反贫困成果的巩固,还是中国城市贫困问题的治理,或者是世界其他国家反贫困路径的选择,都需要借鉴精准扶贫策略。以精准扶贫策略为代表的中国农村反贫困政策体系,具有历史必然性和未来长期性,不仅适用于中国,也适用于其他发展中国家。①

二、中国反贫困的国际反响

贫困问题一直以来都是各国政府和有关国际组织关注的焦点,减缓贫困也是世界经济发展的主要目标之一,是各国政府长期致力解决的难题。

① 王博、朱玉春:《改革开放40年中国农村反贫困经验总结——兼论精准扶贫的历史必然性和长期性》,《西北农林科技大学学报(社会科学版)》2018年第6期。

尽管随着世界经济的整体发展，全球贫困问题有所改善，但由于各地经济发展不平衡，部分发展中国家的贫困问题依然突出，因此贫困仍然是当前全球共同关注和亟待解决的难题。

（一）中国减贫行动具有世界意义

中国不仅将反贫困看作本国的伟大事业，而且将其扩展为世界反贫困事业的重要组成部分，同时也在积极为世界各国提供反贫困的“公共品”，展现了中国脱贫攻坚实践的开放性、包容性和世界性。

中共中央总书记习近平在第七十届联合国大会一般性辩论上指出，中国将始终做全球发展的贡献者，坚持走共同发展道路，继续奉行互利共赢的开放战略，将自身发展经验和机遇同世界各国分享，欢迎各国搭乘中国发展“顺风车”，一起实现共同发展。[①] 中国为世界提供的反贫困“公共品”既包括理论层面的指导，又包括与各国开放合作的发展项目。在国际合作领域，中国始终倡导人类命运共同体的理念并积极推动践行。2015 年，《人民日报》刊登的《中国反贫困模式具有世界意义》一文中，多位国际友人发表了他们的观点。

世界银行原行长金墉表示，中国反贫困的成就是人类历史上最伟大的事件之一。据《人民日报》报道，联合国开发计划署（UNDP）署长海伦 · 克拉克（Helen Clark）提出，我们呼吁各国分享中国的反贫困经验。新加坡国立大学顾清扬认为，中国的扶贫开发工程是一项系统性工程，动员了全社会的力量，这是与世界其他国家反贫困行动的不同之处，也是中国在反贫困事业

① 中共中央文献研究室：《十八大以来重要文献选编（中）》，中央文献出版社，2016，第 698 页。

上的一项制度创新。实践证明,扶贫开发工程符合中国国情,也创造了了不起的成就。因此,中国的反贫困模式具有重要的世界意义,中国的反贫困理念值得与其他发展中国家分享。与此同时,联合国开发计划署(UNDP)政策与项目支持司原司长尼克·塞克兰(Nick Seklan)指出,中国全面建成小康社会的战略是脱贫致富的有效做法,值得国际社会借鉴。中国政府倡导共同富裕,先富起来的人要帮助贫困人口一起富裕,为经济稳步发展、社会和谐稳定、消除极度贫困奠定了重要的基础。印度夏马尔大学教授卡玛奇亚(Camachia)认为,按照中国政府的脱贫路线图,到 2020 年打赢脱贫攻坚战,不仅中国消灭了贫穷问题,而且为人类社会做出了巨大贡献,为包括发达国家在内的所有国家做了榜样,是中国方案和中国理念对世界的贡献。以上不同国家和地区的友人对中国减贫成效的评价,说明了中国减贫行动的成效,以及中国减贫模式的世界意义。

(二)中国减贫实践贡献了中国智慧

由于世界各国经济社会发展水平不同,差异明显,尤其是发达国家的居民人均收入水平和生活水平比发展中国家要高,极度贫困的国家和地区依然存在大规模的贫困问题。在此情境中,中国的反贫困行动为世界指明了方向,为其他国家尤其是极度贫困地区提供了中国经验、贡献了中国智慧。中国也履行了在联合国千年峰会上做出的承诺,带领中国农村贫困人口摆脱贫困,实现共同富裕的目标,此目标主要包括以下两点。

第一,共建人类命运共同体。党的十八大以来,中国提出共建人类命运共同体,倡导世界其他国家和地区抛开偏见、搁置争议,通过合作共赢的方式,一起实现和平发展的目标。以中共中央总书记习近平为核心的中国共产党倡议“共建一个没有贫困及共同发展的人类命运共同体”，打开了彻底消除世界贫困的大门。[①] 目前，中国发展故事背后的中国经验、中国思路已经提升为理论层面的中国智慧和实践层面的中国路径，[②]成为为世界减贫提供参照的中国方案。

比利时联邦议会比中友好小组原主席克里斯蒂安·维耶纳(Christian Viener)表示，世界上很多国家都对解决贫困问题一筹莫展，但中国在解决贫困问题上取得的显著成效，令人赞叹；在精准扶贫政策的推动下，贫困家庭不仅很快摆脱了贫困，而且有了可持续发展的路子。中国这种优质高效的反贫困之路值得其他国家学习和借鉴。[③] 中国在消减自身贫困状况的同时，也在帮助世界其他发展中国家摆脱贫困。

第二，注重扶贫的国际影响力。随着经济全球化的不断推进，以联合国千年发展目标为代表的世界反贫困计划的实施成为发展经济学界关注的焦点。联合国千年发展目标缘起于 2000 年第 55 届联合国大会举行的千年峰会，在该峰会上世界各国领导人就消除贫困、饥饿、疾病等商定了一套有时限性的计划，即由 191 个成员国一致通过的在 2015 年前使全球贫困水平减半(按照 1990 年的标准)的行动计划，并且将其列为由 189 个国家签署的《联合国千年宣言》重要的一章。[④]

联合国粮农组织经济与社会发展署负责人乔莫·桑德拉姆(Jomo

---

① 邱海平：《中国反贫困理论与实践的重大创新——评孙咏梅、秦蒙〈反贫困的“中国奇迹”与“中国智慧”〉一书》，《学术评论》2021 年第 4 期。

② 蔡昉：《金德尔伯格陷阱还是伊斯特利悲剧？——全球公共品及其提供方式和中国方案》，《世界经济与政治》2017 年第 10 期。

③ 人民日报：《中国减贫之路“优质高效”——国际人士积极评价中国脱贫攻坚成就》，(2018-2-1)[2021-2-26]，http://data.people.com.cn/rmrb/20180201/3。

④ 叶江、崔文星：《联合国千年发展目标实绩评析——兼谈后 2015 全球发展议程的争论》，《上海行政学院学报》2014 年第 2 期。

Sundram)也表示,在消除贫困方面,联合国千年发展目标如果没有中国的努力很难取得今天的成绩。从 20 世纪 90 年代初到现在,世界上每减少 3 个饥饿人口,有 2 个就是中国人,中国甚至提前两年达到了将饥饿人口减半的目标。中国用占世界 9%的可耕地养育了约占世界人口 1/5 的中国人口,这一成绩令人敬佩。①

总而言之,中国在反贫困方面取得的突出成就,对世界范围内的反贫困事业产生了巨大的推动作用。联合国《千年发展目标 2015 年报告》显示,全球极端贫困人口已从 1990 年的 19 亿降至 2015 年的 8.36 亿,中国在其中的贡献率超过 70%。

三、中国反贫困的溢出效应

中国反贫困对世界的影响正在经历从数量到模式、路径,再到观念和理念的巨大飞跃,中国的"反贫困观"正在影响和重塑全球的发展体系。根据联合国公布的相关数据,尽管全世界的绝对贫困人口在逐年减少,但直到 2015 年全球仍有 8 亿多人生活在贫困之中。② 世界各地到 2030 年要消除一切贫困,要在经济全球化的今天实现这一世界性目标,不仅需要人力、物力的支持,而且更需要理论和经验的支持。中国作为世界上取得最显著反贫困效果的国家,在长期的反贫困实践中积累了丰富的经验,开辟了具有中国

① 人民日报:《中国减贫模式具有世界意义(热议 · 中国"十二五")》,(2015-10-28)[2021-2-26], http://data.people.com.cn/rmrb/20151028/21。

② 都阳、蔡昉:《中国农村贫困性质的变化与扶贫战略调整》,《中国农村观察》2005 年第 5 期。

特色的扶贫开发道路，[1]在为世界反贫困工作的有效推进和快速减少全球性贫困人口数量方面产生了溢出效应，主要包含以下四个方面。

（一）知识溢出效应

中国反贫困行动对世界产生了积极的知识溢出效应。由中华人民共和国成立以来的减贫经验看，中国在不同的发展阶段使用了不同的减贫模式，其背后有科学的知识体系做支撑。也就是说，科学合理的减贫理论知识和实践知识能够推动减贫行动，积累减贫成果。

第一，重视以民生为本的知识体系。中国反贫困行动以人民为中心，注重发展成果的共享，始终把实现全体人民共同富裕作为奋斗目标。坚持将普惠政策和特惠政策相结合，在普惠制度的基础上，对贫困人口实施特惠政策，做到"应扶尽扶，应保尽保"。消除贫困是社会主义的本质要求，脱贫攻坚是全面建成小康社会的底线任务，现行标准下农村贫困人口全部脱贫、贫困县全部摘帽、解决区域整体贫困是党向人民做出的庄严承诺，贯穿其中的主线就是以民为本的发展思想。贫困人口是人民的重要组成部分，是党需要维护好、实现好、发展好其根本利益的弱势群体。只有将以民为本作为核心理念，才能使扶贫的目标更加明确，扶贫的方式更加科学，扶贫的效果更加巩固。

第二，重视包容性增长理论的指导。包容性增长寻求的是社会和经济协调发展、可持续发展的观念。随着中国反贫困工作进一步深入发展，中国

① 王博、朱玉春：《改革开放 40 年中国农村反贫困经验总结——兼论精准扶贫的历史必然性和长期性》，《西北农林科技大学学报(社会科学版)》2018 年第 6 期。

反贫困体系的国际治理意味变得更加浓厚,对全球可持续发展的正面示范效应也逐渐增强。增强内生发展动力是消除贫困、推进可持续发展的根本出发点、根本指导原则和根本途径,加强南北合作是增强发展动力的重要外部保障。这两者之间的协调,就是全球发展治理。这一具有包容性发展的理念,获得了国际社会的高度认可。

中国反贫困知识体系在国际上产生了重要影响,成为国际社会反贫困的重要思想来源和国际反贫困合作与共享发展的重要内容。

(二)社会溢出效应

改革开放 40 多年来,中国在实践中探索出一系列成功的反贫困模式,如整村推进扶贫模式(2000—2004 年)、雨露计划扶贫模式(2004 年)、产业化扶贫模式、连片开发扶贫模式、移民搬迁扶贫模式,以及特困地区综合治理扶贫模式。这些减贫模式在推进过程中,展现了中国特色脱贫攻坚的社会优势。

第一,培养公共精神与公共意识。脱贫攻坚工作的成效,有力地激发了农民的公共精神与公共意识。作为现代公民精神的核心,公共精神与公共意识是农民参与农村公共事务治理的内在动力。在脱贫攻坚阶段,中国贫困人口的主体参与性得到高度重视。精准到户、党建促脱贫等方式有效回应了群众的需求,组织、动员群众参与,有助于确保社会公平,凝聚贫困人口和非贫困人口。中国一系列的实践探索,充分激发、培育了贫困人口的公共精神和公共意识,增强了贫困人口的集体行动能力。

国际上的贫困问题,应通过提升贫困人口的公共精神,充分调动他们的集体行动意识,这对改善贫困地区的贫困面貌至关重要,对精神脱贫、杜绝贫困的代际传递有重要的影响。

第二,激发内生发展动力。中国的减贫行动在提升居民的精神面貌和内生发展动力方面具有推动作用。通过思想教育、观念引导,再以各种激励约束机制去影响居民,对树立良好的乡村风气具有重要的作用,也对建设文明的现代化美丽乡村非常重要。在脱贫攻坚阶段,贫困人口呈现内生动力不足的问题,①由于人力资本和社会资本的匮乏,贫困人口在减贫行动中呈现不敢干、不能干、不想干②的想法,甚至出现有的人想要摆脱贫困,但是没有能力去改变的现象,因此通过一系列手段,从思想和行动上敦促其发生改变非常必要。

就国际社会而言,重视贫困人口的内生能力,充分调动贫困人口的内生动力,建构贫困人口内生动力发展的模式,才能有显著的减贫效果。

(三) 经济溢出效应

改革开放以来,中国实施了一系列扶贫政策和措施,实现了贫困地区脱贫、可持续发展及促进社会进步的目标。③ 产业发展是贫困地区提升内生动力和实现稳定脱贫的重要途径,产业发展和结构优化对扶贫效率的影响是产业扶贫政策的重要瞄准点和理论指导。

第一,加大市场参与扶贫的力度。市场经济体制的日益完善,在一定程度上丰富了政府扶贫的反贫困路径,降低了贫困群体对政府的过度依赖,使反贫困手段变得更加多元化。市场扶贫是市场主体以市场经济的方式和手

---

① 潘华:《中国低收入群体增收的影响因素与实现路径研究》,《宏观经济研究》2020 年第 9 期。

② 杭承政、胡鞍钢:《"精神贫困"现象的实质是个体失灵——来自行为科学的视角》,《国家行政学院学报》2017 年第 4 期。

③ 李波、王惠敏:《产业结构优化对扶贫效率的空间溢出效应——以武陵山片区为例》,《中南民族大学学报(人文社会科学版)》2022 年第 4 期。

段推动企业与贫困群体互惠互利而开展的扶贫活动。市场主体参与扶贫体现了市场和扶贫的双重特征。市场主体主要通过经济活动实现对贫困地区和贫困人口的带动作用,其在实现经济效益的同时,通过相应的利益联结机制,带动贫困地区的发展和贫困人口的增能。市场扶贫的方式丰富多样,如提升贫困地区的市场经济意识、开发贫困地区的特色产业、吸纳贫困农户就业、拓展贫困地区农产品市场、输入发展资源和技术等,这些方式能够有效提升贫困地区和贫困人口的脱贫能力,增加贫困人口的收入。

在国际减贫行动中,市场参与模式具有多方面的溢出效应,有效缓解了利益分配问题,作为扶贫主体之一的企业在反贫困行动中得到了经济利益,实现了反贫困的可持续性。

第二,提高农业及农村经济的创新性和可持续性。党的十八大以来,中国通过信息扶贫、电子商务进农村、网络扶贫等工程,显著促进贫困地区信息基础设施建设,在一定程度上提高了网络服务水平。动员互联网平台利用科技优势积极参与脱贫攻坚,提高农村数字基础设施水平,体现了科技赋能,创新了农业农村经济发展的机制,探索了科技兴农的新思路。

从国际减贫经验来看,增强贫困地区的经济韧性,推动贫困地区的高质量发展,对不断提高贫困人口和帮扶主体的社会地位,实现社会公平具有实质性作用。这在降低贫困人口对政府等部门的依赖感方面较为有效。对那些有能力的劳动者来说,经济溢出是提高内生动力的办法。

(四)文化溢出效应

脱贫攻坚战是促使贫困人口摆脱贫困、实现共同富裕的重要行动,是发挥和弘扬中华优秀传统文化的时代价值、维护和推动公平正义的社会文化的重要体现。

第一,发展和弘扬中华优秀传统文化。中华优秀传统文化是中华民族的精神命脉,是涵养社会主义核心价值观的重要源泉。① 例如,实行农业文化遗产保护,为具有遗产地的乡村提供脱贫致富和振兴的机遇。② 农耕文化是我国农业的宝贵财富,是中华文化的重要组成部分,不仅不能丢,而且要不断发扬光大;③要推动乡村文化振兴……深入挖掘优秀传统农耕文化蕴含的思想观念、人文精神、道德规范……焕发乡村文明新气象。农业文化遗产作为农耕文化的集中体现,越来越引起全球的高度重视。④ 通过保护农业文化遗产来保护乡土社会的文化,通过挖掘村落文化资源来实现保护乡村的文化,从而凝聚村庄的情感,表达和传递村落文化,唤起居民对于生长的村落的集体记忆。

第二,推动社会公平正义的核心价值观。1978 年至今,中国人民尤其是农村居民的生活实现了从贫困到温饱,再到全面小康的历史性跨越。这极大改善了世界上最贫困群体的福祉。⑤ 文化扶贫是中国特色贫困治理体系的重要组成部分,也是世界各国推进人类减贫事业发展的重要内容。⑥ 中国在扶贫行动中推动社会公平正义等核心价值观的主要表现是包容性发展理

---

① 王亚华、舒全峰:《中国精准扶贫实践的溢出效应》,《中共中央党校(国家行政学院)学报》2021 年第 2 期。

② 于哲:《从文化扶贫到社区营造: 陕西佳县泥河沟村的实践路径》,《中国农业大学学报(社会科学版)》2022 年第 3 期。

③ 中共中央文献研究室:《十八大以来重要文献选编(上)》,中央文献出版社 2014,第 678 页。

④ 于哲:《从文化扶贫到社区营造: 陕西佳县泥河沟村的实践路径》,《中国农业大学学报(社会科学版)》2022 年第 3 期。

⑤ 王亚华、舒全峰:《中国精准扶贫实践的溢出效应》,《中共中央党校(国家行政学院)学报》2021 年第 2 期。

⑥ 胡守勇:《面向乡村振兴: 文化扶贫研究的回顾与展望》,《图书馆》2021 年第 12 期。

念的体现与运用。中国坚持包容性的减贫思路，有效保障了全体公民基本的生存权，通过精准扶贫等举措，充分调动全社会力量参与脱贫攻坚，用超常规的力度推动减贫，为实现贫困人口发展权力提供了动力。同时，在维护弱势群体权力、推动弱势群体与其他群体享有公平公正的待遇时起到了关键作用。这一系列举措有效增强了中国道路的国际认同，提升了中国的文化软实力。

贫困问题通常被认为是对国家治理水平的反映。① 中国脱贫攻坚尤其是精准扶贫阶段，以举国体制为依托，具有显著的战略性、协同性、创新性特征。② 总之，中国在反贫困实践中探索出来的新方法、新模式，成为推进国际反贫困合作和共享发展的重要经验，为国际反贫困和人类命运共同体建设做出了重要贡献。

四、中国反贫困的国际意义

消除贫困是人类共同的事业，世界各国在减贫领域的探索与实践，在国际上具有借鉴意义。尤其是中国消除了绝对贫困，进入相对贫困治理的新发展阶段，这些经验对发达国家和地区及发展中国家和地区具有重要的参考价值。

（一）提升中国国际形象

党的十八大以来，中国把扶贫开发工作纳入“五位一体”总体布局和“四

① 燕继荣：《反贫困与国家治理——中国“脱贫攻坚”的创新意义》，《管理世界》2020 年第 4 期。

② 王亚华、舒全峰：《中国精准扶贫实践的溢出效应》，《中共中央党校（国家行政学院）学报》2021 年第 2 期。

个全面"战略布局,把脱贫攻坚作为全面建成小康社会的底线任务和标志性指标,带领全国各族人民坚决打赢脱贫攻坚战,取得了历史性成就,书写了人类发展史上"最成功的脱贫故事",积累了丰富的实践经验,创造了珍贵的精神财富,产生了重要的世界影响。①

中国的贫困治理成绩得到全世界的高度认可,在国际上产生了重要影响,为推动全球反贫困事业的发展起到了极为关键的作用。目前,贫困人口多分布于发展中国家,而中国是世界上最大的发展中国家,其反贫困的成功经验对世界上大多数发展中国家具有示范效应,能够帮助欠发达国家和地区减轻贫困,甚至对一些发达国家的反贫困工作也具有重要的借鉴意义。②

巴基斯坦媒体与交流研究所所长瓦力·扎希德(Wall-e Zahid)指出,中国脱贫攻坚事业是当今人类社会发展的一个显著成就。《菲律宾星报》评论员李天荣表示,中国政府在消除贫困方面表现出强大的政治决心与政治毅力,为世界反贫困事业做出了重大贡献。中国的反贫困成就令世人震撼,必将载入史册。墨西哥中国问题专家阿尔伯特·罗德里格斯(Albert Rodriguez)指出,每个国家都有其特有的国情和发展道路,中国显然找到了一条适合自己的发展道路,这让中国人民享受到了发展成果,也给其他发展中国家带来了信心和启示。③

---

① 张占斌:《中国减贫的历史性成就及其世界影响》,《马克思主义研究》2020 年第 12 期。

② 安增军、高绮雪:《论习近平反贫困思想及其战略意义》,《河南工业大学学报(社会科学版)》2016 年第 3 期。

③ 人民日报:《中国减贫之路"优质高效"——国际人士积极评价中国脱贫攻坚成就》,(2018-2-1)[2021-2-26], http://data.people.com.cn/rmrb/20180201/3。

在与广大发展中国家开展南南合作、共谋发展的过程中,中国反贫困方案必将为全世界其他发展中国家的反贫困实践提供有效经验,推进全球反贫困事业的发展。[①] 中国一直积极承担世界反贫困的责任,积极帮助发展中国家摆脱贫困。中国反贫困取得的巨大成就,提升了中国在国际反贫困方面的影响力,也扩大了话语权,增强了中国的道路自信、理论自信、制度自信、文化自信,彰显了中国的大国责任意识,树立了良好的国际形象。中国加强与国际社会的反贫困合作与交流,展示了中国对世界反贫困的责任意识和大国担当。

(二) 丰富世界反贫困方案

中国是世界上最大的发展中国家,中国的反贫困具有世界性的意义。中国扶贫开发事业既是中国政府的职责,又是全世界反贫困事业的重要组成部分。中国的反贫困特别是消除绝对贫困对世界影响巨大,中国丰富的贫困治理经验对世界上其他国家具有重大的借鉴意义。中国政府在进行贫困治理的过程中坚持解放思想、改革开放、科学发展的原则,并且努力使国际反贫困的成功经验本土化。中国形成了政府主导、社会动员,立足发展、坚持开发,因地制宜、综合治理,自强不息、艰苦创业等基本经验。中国是世界上反贫困成效最显著的国家,中国特色贫困治理基本经验得到了国际社会的高度赞扬和广泛认可。改革开放以来,中国政府把扶贫开发作为国家发展目标,将其列入国家发展规划。中国扶贫开发战略和政策体系逐步完善,创造了中国特色的反贫困机制和模式。

---

① 邓文飞:《习近平反贫困思想内涵、成因及价值》,《宁夏社会科学》2016 年第 5 期。

中国积极承担国际反贫困责任，更加有效、力所能及地深化国际反贫困合作，为全球《2030 年可持续发展议程》的推进提出中国方案，贡献中国智慧，更加有效地促进广大发展中国家交流、分享反贫困经验，为全球反贫困事业做出了更大贡献。[①]

（三）推动全球反贫困进程

中国作为世界人口大国，经过 60 多年的反贫困实践，扶贫工作已取得显著成效并处于世界领先地位。[②] 改革开放以来，已经有 6 亿多人脱贫，贫困人口生活水平显著提高，贫困地区面貌发生根本变化。2015 年，中国基本实现了联合国千年发展目标，是第一个提前实现反贫困目标的发展中国家，也是消除贫困人口最多的国家。中国确立了 2020 年全面建成小康社会的目标。从 1978 年到 2019 年，按照当年农村贫困标准，我国农村贫困人口从 7.7 亿人减少到 551 万人，累计减少 7 亿多人。[③] 同时，我国减贫速度明显快于全球，根据世界银行数据，按照每人每天 1.9 美元的国际绝对贫困标准，从 1981 年到 2015 年，中国贫困发生率累计下降了 87.6%，年均下降 2.6%，同期全球贫困发生率累计下降 32.2%，年均下降 0.9%，中国减贫速度明显快于全球减贫速度。[④] 根据《联合国千年发展目标 2015 年报告》提供的资料，中国农村贫困人口所占比例，从 1990 年的 60%以上下降到 2014 年的

① 李树明：《论习近平“治贫”思想及其现实意义》，《克拉玛依学刊》2017 年第 2 期。

② 邢文婷、张宇：《深入学习习近平总书记扶贫开发重要战略思想为决胜脱贫攻坚做出新贡献》，《发展》2016 年第 10 期。

③ 张占斌：《中国减贫的历史性成就及其世界影响》，《马克思主义研究》2020 年第 12 期。

④ 国家统计局住户调查办公室：《中国农村贫困监测报告- 2019》，中国统计出版社，2019，第 70 页。

4.2%。中国对全球反贫困的贡献率超过70%。

党的十八大以来，中国共产党和中国政府把扶贫开发工作摆在更加突出的位置，提出加快精准扶贫、精准脱贫的步伐，坚决打赢脱贫攻坚战，确保到2020年中国现行标准下7 000多万农村贫困人口实现脱贫、贫困县全部摘帽、解决区域性整体贫困的目标。这是中国历史上亘古未有的伟大跨越，也是中国对人类社会的伟大贡献。中国反贫困事业是全球反贫困事业的重要组成部分，中国反贫困行动加快了国际反贫困进程，推进了国际反贫困事业的发展。

> 法国经济学家米歇尔·阿列塔(Michelle Arrieta)指出，改革开放40多年来，脱贫一直是中国政府工作的重心之一。改革开放初期，中国在农村推行家庭联产承包责任制，激发农业生产活力；伴随着工业化和城镇化的发展，越来越多的农村人口进入城市，增加了收入；近年来，中国政府致力于完善社会保障体系建设，提高最低工资水平，倡导更为高效的投资。中国的扶贫成功经验值得学习和推广。①

目前，世界上还有8亿多极端贫困人口，其中绝大多数极端贫困人口集中在东南亚和撒哈拉以南的非洲。全面消除贫困依然是国际社会的重大挑战。中国的反贫困经验对国际反贫困具有重要的参考价值和借鉴意义。

(四) 创新国际反贫困理论

中国的减贫实践在不同时期采取不同的工作思路和工作模式。中国建

① 人民日报：《中国减贫之路"优质高效"——国际人士积极评价中国脱贫攻坚成就》，(2018-2-1)[2021-2-26]，http://data.people.com.cn/rmrb/20180201/3。

构了与本国经济社会发展水平相适应的反贫困机制体制，形成了具有中国特色的社会主义减贫理论和实践体系，为处于不同经济社会发展阶段的发展中国家提供了多样的扶贫工作理论依据。[①] 中国的减贫实践为全球反贫困理论创新做出了重大理论贡献。

20 世纪以来，随着贫困问题越来越受到人们的关注，国际上有关贫困问题的理论也逐渐丰富，从不同视角对贫困的根源进行了解释，并且提出相应的反贫困理论和实践方案。从 20 世纪 50 年代的“不平衡增长”和“大推进”理论，到 20 世纪 90 年代阿马蒂亚·森的权利和能力贫困理论，国际反贫困理论经历了从宏观理论范式到微观理论范式的转变、从经济范式到社会文化范式的转变、从制度范式到素质和权利范式的转变。中国反贫困理论中精准扶贫、内源式扶贫、合力扶贫、制度扶贫等思想，具有很强的针对性、政策性和实践性。[②] 其中精准扶贫思想是中国新时期扶贫开发工作的指导性思想，科学地回答了“扶持谁”“谁来扶”“怎么扶”“如何退”等重大问题。

中华人民共和国成立以来的扶贫开发实践，探索出具有中国特色的创新性理论，从本质论、优势论、带动论、改革论、两动论、扶志论、综合论、精准论、衔接论、合作论十个方面形成了中国相关的扶贫理论。[③] 中国反贫困理论是马克思主义中国化的重大理论成果，也是中国特色社会主义道路的重大实践成果。中国反贫困事业是国际反贫困事业的重要组成部分，中国作为世界上最大的发展中国家，其反贫困思想对创新国际贫困治理理论具有

① 张占斌：《中国减贫的历史性成就及其世界影响》，《马克思主义研究》2020 年第 12 期。
② 安增军、高绮雪：《论习近平反贫困思想及其战略意义》，《河南工业大学学报（社会科学版）》2016 年第 3 期。
③ 黄承伟：《中国扶贫理论研究论纲》，《华中农业大学学报（社会科学版）》2020 年第 2 期。

重要的作用，对推动广大发展中国家摆脱贫困具有很好的理论借鉴意义。

从扶贫价值观看，消除贫困是人类的共同使命，推进国际减贫合作，有利于更充分发挥中国减贫软实力，增强中国在全球治理中的话语权，促进人类命运共同体的构建。[①] 中国通过减贫合作，把中国的前途与命运同各国人民的前途与命运紧密结合起来，把中国发展同发展中国家共同发展紧密结合起来，把中国脱贫攻坚与人类消除贫困的共同使命紧密结合起来。

① 黄承伟：《中国扶贫理论研究论纲》，《华中农业大学学报(社会科学版)》2020 年第 2 期。

参考文献

[1] 阿马蒂亚·森. 以自由看待发展[M]. 任赜,于真,译. 北京：中国人民大学出版社,2002.

[2] 迈克尔·曼. 社会权力的来源：第2卷[M]. 陈海宏,译. 上海：上海人民出版社,2015.

[3] 迈克尔·谢若登. 资产与穷人：一项新的美国福利政策[M]. 高鉴国,译. 北京：商务印书馆,2005.

[4] 马克斯·韦伯,约翰内斯·温克尔曼. 经济与社会：上卷[M]. 林荣远,译. 北京：商务印书馆,1997.

[5] 冈纳·缪尔达尔. 世界贫困的挑战：世界反贫困大纲[M]. 顾朝阳,等译. 北京：北京经济学院出版社,1991.

[6] 塞缪尔·P. 亨廷顿. 变化社会中的政治秩序[M]. 王冠华,刘为,等译. 上海：上海人民出版社,2008.

[7] 史蒂夫·M. 博杜安. 世界历史上的贫困[M]. 杜鹃,译. 北京：商务印书馆,2015.

[8] 西奥多·W. 舒尔茨. 论人力资本投资[M]. 吴珠华,等译. 北京：北京

经济学院出版社,1990.

[9] 黄承伟. 一诺千金：新时代中国脱贫攻坚的理论思考[M]. 南宁：广西人民出版社,2019.

[10] 景跃进,陈明明,肖滨. 当代中国政府与政治[M]. 北京：中国人民大学出版社,2016.

[11] 梁漱溟. 梁漱溟全集：第 1 卷[M]. 济南：山东人民出版社,2005.

[12] 刘坚. 新阶段扶贫开发的成就与挑战：《中国农村扶贫开发纲要(2001—2010 年)》中期评估报告[M]. 北京：中国财政经济出版社,2006.

[13] 陆汉文. 中国精准扶贫发展报告(2016)：精准扶贫战略与政策体系[M]. 北京：社会科学文献出版社,2016.

[14] 陆汉文,梁爱有,彭堂超. 政府市场社会大扶贫格局[M]. 长沙：湖南人民出版社,2018.

[15] 马克思,恩格斯. 马克思恩格斯全集：第 23 卷[M]. 中共中央马克思恩格斯列宁斯大林著作编译局,译. 北京：人民出版社,1975.

[16] 毛泽东. 毛泽东选集：第 3 卷[M]. 北京：人民出版社,1991.

[17] 彭剑君. 中国农村财政政策研究[M]. 北京：中国财政经济出版社,2009.

[18] 汝信. 中国城乡一体化发展报告(2013)[M]. 北京：社会科学文献出版社,2013.

[19] 世界银行. 1990 年世界发展报告[M]. 北京：中国财政经济出版社,1990.

[20] 世界银行. 2012 世界发展指标[M]. 北京：中国财政经济出版社,

2013.
[21] 谭诗斌. 现代贫困学导论[M]. 武汉：湖北人民出版社,2012.
[22] 王颉,樊平,陈光金等. 多维视角下的农民问题[M]. 南京：江苏人民出版社,2007.
[23] 吴承明,董志凯. 中华人民共和国经济史：第1卷(1949—1952)[M]. 北京：中国财政经济出版社,2001.
[24] 习近平. 摆脱贫困[M]. 福州：福建人民出版社,2014.
[25] 习近平. 习近平谈治国理政[M]. 北京：外文出版社,2014.
[26] 中共中央文献研究室. 十八大以来重要文献选编(中)[M]. 北京：中央文献出版社,2016.
[27] 中共中央文献研究室. 习近平关于社会主义社会建设论述摘编[M]. 北京：中央文献出版社,2017.
[28] 向德平,黄承伟. 中国反贫困发展报告(2016)：社会组织参与扶贫专题[M]. 武汉：华中科技大学出版社,2016.
[29] 向德平,黄承伟. 中国反贫困发展报告(2018)：公益慈善扶贫专题[M]. 武汉：华中科技大学出版社,2019.
[30] 向德平,黄承伟. 中国反贫困发展报告(2019)：民营企业扶贫专题[M]. 武汉：华中科技大学出版社,2020.
[31] 向德平,黄承伟. 中国反贫困发展报告(2014)：社会扶贫专题[M]. 武汉：华中科技大学出版社,2014.
[32] 闫坤,刘轶芳,等. 中国特色的反贫困理论与实践研究[M]. 北京：中国社会科学出版社,2016.
[33] 游俊,冷志明,丁建军. 中国连片特困区研究：2013～2016[M]. 北京：

社会科学文献出版社,2017.
[34] 张磊. 中国扶贫开发历程：1949—2005 年[M]. 北京：中国财政经济出版社,2007.
[35] 郑杭生. 减缩代价与增促进步：社会学及其深层理念[M]. 北京：北京师范大学出版社,2007.
[36] 中共中央文献研究室. 十七大以来重要文献选编(下)[M]. 北京：中央文献出版社,2013.
[37] 中共中央宣传部. 习近平总书记系列重要讲话读本(2016 年版)[M]. 北京：学习出版社,2016.
[38] 中央农村工作领导小组办公室. 小康不小康　关键看老乡[M]. 北京：人民出版社,2013.
[39] 中共中央文献研究室. 十八大以来重要文献选编(上)[M]. 北京：中央文献出版社,2014.
[40] 左常升. 中国扶贫开发政策演变(2001—2015 年)[M]. 北京：社会科学文献出版社,2016.
[41] 陈锡文,韩俊. 中国脱贫攻坚的实践与经验[M]. 北京：人民出版社,2021.
[42] 朱荣. 当代中国的农业[M]. 北京：当代中国出版社,1992.
[43] 邓小平. 邓小平文选：第 3 卷[M]. 北京：人民出版社,1993.
[44] 邸延生. 历史的回眸：毛泽东与中国经济[M]. 北京：新华出版社,2010.
[45] 范小建. 扶贫开发常用词汇释义[M]. 北京：中国财政经济出版社,2014.

[46] 国家统计局农村社会经济调查总队. 中国农村住户调查年鉴 2000[M]. 北京: 中国统计出版社,2000.

[47] 国家统计局. 中国统计年鉴 1995[M]. 北京: 中国统计出版社,1995.

[48] 国家统计局社会科技和文化产业统计司. 中国社会统计年鉴—2020[M]. 北京: 中国统计出版社,2020.

[49] 国家行政学院编写组. 中国精准脱贫攻坚十讲[M]. 北京: 人民出版社,2016.

[50] 国务院贫困地区经济开发领导小组办公室. 中国贫困地区经济开发概要[M]. 北京: 中国农业出版社,1989.

[51] 国务院扶贫开发领导小组办公室. 中国农村扶贫开发概要[M]. 北京: 中国财政经济出版社,2003.

[52] 胡建华. 贫困治理与精准扶贫[M]. 长沙: 中南大学出版社,2020.

[53] 黄承伟,燕连福. 新时代脱贫攻坚前沿问题研究[M]. 北京: 人民出版社,2021.

[54] 安春英. 携手消除贫困 共建人类命运共同体[J]. 前线,2020(12): 43 - 46.

[55] 安增军,高绮雪. 论习近平反贫困思想及其战略意义[J]. 河南工业大学学报(社会科学版),2016 (3): 50 - 55.

[56] 白永秀,宁启. 脱贫攻坚提出的背景、实施及难点破解[J]. 西北大学学报(哲学社会科学版),2020(4): 5 - 15.

[57] 柏振忠,李亮. 武陵山片区农民合作社助力精准扶贫研究: 以恩施土家族苗族自治州为例[J]. 中南民族大学学报(人文社会科学版),2017(5): 160 - 164.

[58] 蔡昉. 金德尔伯格陷阱还是伊斯特利悲剧?——全球公共品及其提供方式和中国方案[J]. 世界经济与政治,2017(10):4-22.

[59] 曹贤平. 人类减贫的中国模式研究[D]. 南昌:江西财经大学,2021.

[60] 曾小溪,汪三贵. 论决胜脱贫攻坚的难点和对策[J]. 河海大学学报(哲学社会科学版),2019 (6):10-17.

[61] 陈柏峰. 党政体制如何塑造基层执法[J]. 法学研究,2017 (4):191-208.

[62] 陈进华. 治理体系现代化的国家逻辑[J]. 中国社会科学,2019(5):23-39.

[63] 陈锡喜. 决战决胜脱贫攻坚蕴含的制度优势及人类共同价值[J]. 思想理论教育导刊,2021(1):36-41.

[64] 崔霞. 新时代打赢脱贫攻坚战的制度经验[J]. 学校党建与思想教育(高教版),2020(16):65-67.

[65] 邓金钱. 习近平扶贫重要论述的生成逻辑、理论内涵与价值意蕴[J]. 财经问题研究,2021(1):14-22.

[66] 邓文飞. 习近平反贫困思想内涵、成因及价值[J]. 宁夏社会科学,2016(5):32-36.

[67] 都阳,蔡昉. 中国农村贫困性质的变化与扶贫战略调整[J]. 中国农村观察,2005(5):2-9.

[68] 杜利娜. 马克思的贫困理论及当代启示[J]. 马克思主义研究,2018(8):31-40.

[69] 方凤玲. 新发展理念统领脱贫攻坚[J]. 上海经济研究,2020(9):31-39.

[70] 傅夏仙,黄祖辉. 中国脱贫彰显的制度优势及世界意义[J]. 浙江大学学报(人文社会科学版),2021 (2): 5 - 14.
[71] 高飞. “中国式减贫”40 年: 经验、困境与超越[J]. 山东社会科学,2019 (5): 186 - 192.
[72] 葛志军,邢成举. 精准扶贫: 内涵、实践困境及其原因阐释——基于宁夏银川两个村庄的调查[J]. 贵州社会科学,2015(5): 157 - 163.
[73] 耿翔燕,葛颜祥. 生态补偿式扶贫及其运行机制研究[J]. 贵州社会科学,2017(4): 149 - 153.
[74] 公丕明,公丕宏. 精准扶贫脱贫攻坚中社会保障兜底扶贫研究[J]. 云南民族大学学报(哲学社会科学版),2017 (6): 89 - 96.
[75] 韩广富,刘心蕊. 习近平精准扶贫精准脱贫方略的时代蕴意[J]. 理论月刊,2017(12): 16 - 21.
[76] 韩旭东,郑风田. 精准扶贫经验分析与价值总结: 基于举国体制制度优势[J]. 当代经济管理,2021(9): 15 - 20.
[77] 韩跃民. 全球生态贫困治理与“中国方案”[J]. 社会科学战线,2019 (11): 205 - 213.
[78] 杭承政,胡鞍钢. “精神贫困”现象的实质是个体失灵: 来自行为科学的视角[J]. 国家行政学院学报,2017(4): 97 - 103.
[79] 何瑾,向德平. 易地扶贫搬迁的空间生产与减贫逻辑[J]. 江汉论坛,2021(5): 139 - 144.
[80] 胡鞍钢,胡琳琳,常志霄. 中国经济增长与减少贫困(1978—2004)[J]. 清华大学学报(哲学社会科学版),2006 (5): 105 - 115.
[81] 胡晗,司亚飞,王立剑. 产业扶贫政策对贫困户生计策略和收入的影

响：来自陕西省的经验证据[J]. 中国农村经济,2018(1)：78－89.
[82] 胡守勇. 面向乡村振兴：文化扶贫研究的回顾与展望[J]. 图书馆,2021(12)：60－67.
[83] 胡振通,王亚华. 中国生态扶贫的理论创新和实现机制[J]. 清华大学学报(哲学社会科学版),2021 (1)：168－180.
[84] 黄承伟,刘欣. 本土民间组织参与扶贫开发的行动特点及发展方向：以贵州省某民间组织为例[J]. 贵州社会科学,2015(1)：157－162.
[85] 黄承伟,王猛. "五个一批"精准扶贫思想视阈下多维贫困治理研究[J]. 河海大学学报(哲学社会科学版),2017 (5)：1－5.
[86] 黄承伟,杨进福. 中国共产党百年反贫困的历史经验[J]. 西安交通大学学报(社会科学版),2021 (4)：39－48.
[87] 黄承伟,周晶,程水林. 农村贫困治理中民间组织的发展及制约因素分析：以秦巴山片区4家草根民间组织的调查为例[J]. 农村经济,2015(10)：50－56.
[88] 黄承伟,邹英,刘杰. 产业精准扶贫：实践困境和深化路径：兼论产业精准扶贫的印江经验[J]. 贵州社会科学,2017(9)：125－131.
[89] 黄承伟. 脱贫攻坚伟大成就彰显我国制度优势[J]. 红旗文稿,2020(8)：29－32.
[90] 黄承伟. 习近平扶贫思想论纲[J]. 福建论坛(人文社会科学版),2018(1)：54－64.
[91] 黄承伟. 中国扶贫开发道路研究：评述与展望[J]. 中国农业大学学报(社会科学版),2016 (5)：5－17.
[92] 黄承伟. 中国扶贫理论研究论纲[J]. 华中农业大学学报(社会科学

版),2020(2):1-7.

[93] 贾玉娇. 反贫困的中国道路:1978—2018[J]. 浙江社会科学,2018(6):17-26.

[94] 江泽民. 全面建设小康社会,开创中国特色社会主义事业新局面:在中国共产党第十六次全国代表大会上的报告[J]. 求是,2002(22):3-19.

[95] 姜爱华. 我国政府开发式扶贫资金投放效果的实证分析[J]. 中央财经大学学报,2008(2):13-18.

[96] 雷勋平,张静. 2020后中国贫困的特征、治理困境与破解路径[J]. 现代经济探讨,2020(8):24-28.

[97] 李波,王惠敏. 产业结构优化对扶贫效率的空间溢出效应:以武陵山片区为例[J]. 中南民族大学学报(人文社会科学版),2022 (4):152-161.

[98] 李含琳,韩坚. 中国扶贫资金来源结构及使用方式研究[J]. 农业经济问题,1998 (4):6-10.

[99] 李树明. 论习近平“治贫”思想及其现实意义[J]. 克拉玛依学刊,2017(2):45-51.

[100] 李小云,徐进,于乐荣. 中国减贫的基本经验[J]. 南京农业大学学报(社会科学版),2020 (4):11-21.

[101] 李小云,徐进,于乐荣. 中国减贫四十年:基于历史与社会学的尝试性解释[J]. 社会学研究,2018 (6):35-61.

[102] 李小云,徐进. 消除贫困:中国扶贫新实践的社会学研究[J]. 社会学研究,2020 (6):20-43.

[103] 李小云．河边扶贫实验：发展主义的实践困惑[J]．开放时代，2020(6)：28－44.
[104] 李周．社会扶贫的经验、问题与进路[J]．求索，2016(11)：41－45.
[105] 廖富洲．农村反贫困中政府主导行为的优势与问题[J]．中国党政干部论坛，2004(9)：25－27.
[106] 林伯强．中国的政府公共支出与减贫政策[J]．经济研究，2005(1)：27－37.
[107] 刘建生，陈鑫，曹佳慧．产业精准扶贫作用机制研究[J]．中国人口·资源与环境，2017 (6)：127－135.
[108] 刘娟．我国农村扶贫开发的回顾、成效与创新[J]．探索，2009(4)：87－90.
[109] 刘俊文．超越贫困陷阱：国际反贫困问题研究的回顾与展望[J]．农业经济问题，2004 (10)：23－28.
[110] 刘小珉，刘诗谣．改革开放以来民族地区的反贫困与共同富裕研究：回顾与展望[J]．青海民族研究，2022 (1)：28－34.
[111] 刘永富．打赢全面建成小康社会的扶贫攻坚战：深入学习贯彻习近平同志关于扶贫开发的重要讲话精神[J]．农产品加工，2014 (5)：24－36.
[112] 陆汉文，彭堂超．“文化集体主义”与中国农村减贫：兼论“中国经验”的特殊性[J]．江汉论坛，2016(3)：139－144.
[113] 罗知．地方财政支出与益贫式经济增长：基于中国省际数据的经验研究[J]．武汉大学学报(哲学社会科学版)，2011 (3)：75－80.
[114] 吕方，冯瑞英．“田野行政”视域下的县域精准扶贫[J]．福建论坛(人

文社会科学版),2018(1): 81－89.

[115] 吕方,梅琳. “复杂政策”与国家治理: 基于国家连片开发扶贫项目的讨论[J]. 社会学研究,2017 (3): 144－168.

[116] 吕方. “新下乡时代”的来临: 理解脱贫攻坚的知识贡献[J]. 华东理工大学学报(社会科学版),2021 (2): 19－28.

[117] 莫光辉,陈正文. 脱贫攻坚中的政府角色定位及转型路径: 精准扶贫绩效提升机制系列研究之一[J]. 浙江学刊,2017(1): 156－163.

[118] 潘华. 中国低收入群体增收的影响因素与实现路径研究[J]. 宏观经济研究,2020(9): 130－139.

[119] 裴祥宇. 金融化背景下美国贫富差距的扩大及其影响[J]. 福建师范大学学报(哲学社会科学版),2020(1): 101－110.

[120] 彭刚. 根除深度贫困的国际经验[J]. 人民论坛,2018(21): 51－53.

[121] 沈洊. 农村反贫困政策评析[J]. 社会科学战线,2009(3): 68－72.

[122] 沈红. 中国贫困研究的社会学评述[J]. 社会学研究,2000 (2): 91－103.

[123] 宋锐,曹东勃. 中国贫困治理的制度透视及实践导向[J]. 甘肃社会科学,2020(6): 79－86.

[124] 宋志辉. 印度农村反贫困的经验、教训与启示[J]. 南亚研究季刊,2009(1): 51－56.

[125] 苏海,向德平. 社会扶贫的行动特点与路径创新[J]. 中南民族大学学报(人文社会科学版),2015 (3): 144－148.

[126] 苏海,向德平. 贫困治理现代化: 理论特质与建设路径[J]. 南京农业大学学报(社会科学版),2020 (4): 163－171.

[127] 孙兆霞. 以党建促脱贫：一项政治社会学视角的中国减贫经验研究[J]. 中国农业大学学报(社会科学版),2017 (5)：24 - 32.

[128] 唐任伍,孟娜,李楚翘. 习近平新时代中国特色社会主义思想中的贫困治理观：理论渊源、逻辑意蕴和当代价值[J]. 经济与管理研究,2020(12)：3 - 10.

[129] 唐任伍. 习近平精准扶贫思想阐释[J]. 人民论坛,2015(30)：28 - 30.

[130] 汪三贵,郭子豪. 论中国的精准扶贫[J]. 贵州社会科学,2015(5)：147 - 150.

[131] 汪三贵,刘未. "六个精准"是精准扶贫的本质要求：习近平精准扶贫系列论述探析[J]. 毛泽东邓小平理论研究,2016(1)：40 - 43.

[132] 汪三贵,曾小溪. 从区域扶贫开发到精准扶贫：改革开放 40 年中国扶贫政策的演进及脱贫攻坚的难点和对策[J]. 农业经济问题,2018(8)：40 - 50.

[133] 汪三贵. 习近平精准扶贫思想的关键内涵[J]. 人民论坛,2017(30)：54 - 55.

[134] 汪三贵. 在发展中战胜贫困：对中国 30 年大规模减贫经验的总结与评价[J]. 管理世界,2008(11)：78 - 88.

[135] 汪三贵. 中国 40 年大规模减贫：推动力量与制度基础[J]. 中国人民大学学报,2018 (6)：1 - 11.

[136] 王博,朱玉春. 改革开放 40 年中国农村反贫困经验总结：兼论精准扶贫的历史必然性和长期性[J]. 西北农林科技大学学报(社会科学版),2018(6)：11 - 17.

[137] 王春光. 中国社会发展中的社会文化主体性：以 40 年农村发展和减贫为例[J]. 中国社会科学,2019(11)：86－103.

[138] 王宏新,付甜,张文杰. 中国易地扶贫搬迁政策的演进特征：基于政策文本量化分析[J]. 国家行政学院学报,2017(3)：48－53.

[139] 王嘉毅,封清云,张金. 教育与精准扶贫精准脱贫[J]. 教育研究,2016(7)：12－21.

[140] 王建华. 中国共产党与百年反贫困的中国方案[J]. 南京大学学报(哲学·人文科学·社会科学版),2021 (3)：5－15.

[141] 王俊文. 国外反贫困经验对我国当代反贫困的若干启示：以发展中国家巴西为例[J]. 农业考古,2009(3)：209－213.

[142] 王俊文. 国外反贫困经验对我国反贫困的当代启示：以西方发达国家美国为例[J]. 社会科学家,2008(3)：104－107.

[143] 王萍,杨敏. 新时代农村生态扶贫的现实困境及其应对策略[J]. 农村经济,2020(4)：34－42.

[144] 王浦劬,汤彬. 当代中国治理的党政结构与功能机制分析[J]. 中国社会科学,2019(9)：4－24.

[145] 王浦劬. 政府向社会力量购买公共服务的改革意蕴论析[J]. 吉林大学社会科学学报,2015 (4)：78－89.

[146] 王先位. 中国特色反贫困制度体系的架构、优势及展望[J]. 理论建设,2021(6)：52－58.

[147] 王亚华,舒全峰. 中国精准扶贫实践的溢出效应[J]. 中共中央党校(国家行政学院)学报,2021 (2)：49－57.

[148] 王雨磊,苏杨. 中国的脱贫奇迹何以造就？——中国扶贫的精准行政

模式及其国家治理体制基础[J]. 管理世界,2020 (4): 195 - 209.
[149] 王雨磊. 数字下乡: 农村精准扶贫中的技术治理[J]. 社会学研究, 2016 (6): 119 - 142.
[150] 王哲. 美国的减贫政策体系及启示[J]. 宏观经济管理,2019(12): 71 - 76.
[151] 王志章,黄明珠. 英国反贫困的实践路径及经验启示[J]. 广西社会科学,2017(9): 188 - 193.
[152] 温俊萍. 印度农村就业保障政策及对中国的启示[J]. 南亚研究季刊, 2012(2): 64 - 69.
[153] 吴国宝. 对中国扶贫战略的简评[J]. 中国农村经济,1996(8): 26 - 30.
[154] 向德平,华汛子. 中共十八大以来中国的贫困治理: 政策演化与内在逻辑[J]. 江汉论坛,2018(9): 131 - 136.
[155] 向德平,刘风. 价值理性与工具理性的统一: 社会扶贫主体参与贫困治理的策略[J]. 江苏社会科学,2018(2): 41 - 47.
[156] 向德平,刘欣. 溯源与发展: 新时代中国精神扶贫思想研究[J]. 西安交通大学学报(社会科学版),2020 (1): 8 - 13.
[157] 向德平,华汛子. 改革开放四十年中国贫困治理的历程、经验与前瞻[J]. 新疆师范大学学报(哲学社会科学版),2019 (2): 59 - 69.
[158] 向雪琪,林曾. 社会组织扶贫的理论基础与实践空间[J]. 中南民族大学学报(人文社会科学版),2017 (5): 129 - 132.
[159] 项秀. 国外反贫困经验及其对我国的启示[J]. 学理论,2011(14): 73 - 74.

[160] 谢若彬. 浅析大扶贫格局下公益组织在脱贫问题上的经验优势：以中国青少年发展基金会为例[J]. 学会,2020(12)：5－9.

[161] 邢成举,周思聪. 制造关联：精准扶贫实践中的利益联结与关系再构——从地方政府行为切入[J]. 南京农业大学学报(社会科学版),2022(2)：21－31.

[162] 邢文婷,张宇. 深入学习习近平总书记扶贫开发重要战略思想为决胜脱贫攻坚做出新贡献[J]. 发展,2016(10)：10－11.

[163] 徐京平,邢兰若. 精准扶贫的现实困境与治理逻辑：基于互联网＋视角[J]. 经济问题探索,2021(2)：78－83.

[164] 徐秀军. 全球财富鸿沟的演进与弥合[J]. 人民论坛,2021(8)：84－87.

[165] 徐勇. 历史延续性视角下的中国道路[J]. 中国社会科学,2016(7)：4－25.

[166] 徐月宾,刘凤芹,张秀兰. 中国农村反贫困政策的反思：从社会救助向社会保护转变[J]. 中国社会科学,2007(3)：40－53.

[167] 许汉泽,李小云. “行政治理扶贫”与反贫困的中国方案：回应吴新叶教授[J]. 探索与争鸣,2019(3)：58－66.

[168] 闫坤,孟艳. 反贫困实践的国际比较及启示[J]. 国外社会科学,2016(4)：87－96.

[169] 闫书华,何虎生. 国内学界关于精准扶贫方略研究述评[J]. 理论视野,2022(1)：86－92.

[170] 燕继荣. 反贫困与国家治理：中国“脱贫攻坚”的创新意义[J]. 管理世界,2020 (4)：209－220.

[171] 杨铭,向德平. 从脱贫攻坚到乡村振兴：民营企业的参与历程、特点及走向[J]. 江西财经大学学报,2022(2)：74-83.

[172] 叶江,崔文星. 联合国千年发展目标实绩评析：兼谈后2015全球发展议程的争论[J].上海行政学院学报,2014 (2)：27-38.

[173] 叶敬忠. 中国贫困治理的路径转向：从绝对贫困消除的政府主导到相对贫困治理的社会政策[J]. 社会发展研究,2020 (3)：28-38.

[174] 叶普万. 中国扶贫战略的偏差及其修正[J]. 兰州大学学报,2004(5)：85-89.

[175] 叶兴庆,殷浩栋. 发达国家和地区的减贫经验及启示[J]. 西北师大学报(社会科学版),2020 (4)：122-128.

[176] 于哲. 从文化扶贫到社区营造：陕西佳县泥河沟村的实践路径[J]. 中国农业大学学报(社会科学版),2022 (3)：194-202.

[177] 袁利平. 论习近平教育扶贫战略思想[J]. 甘肃社会科学,2018(3)：30-36.

[178] 张聪. 从“脱贫奇迹”看中国制度优势[J]. 哈尔滨工业大学学报(社会科学版),2021 (4)：29-35.

[179] 张康之. 论政府的社会秩序供给[J]. 东南学术,2001(6)：45-50.

[180] 张莉. 财政规则与国家治理能力建设：以环境治理为例[J]. 中国社会科学,2020(8)：47-63.

[181] 张明龙,池泽新. 贫困研究概况与述评[J]. 经济研究导刊,2015(8)：4-6.

[182] 张琦. 全球减贫历史、现状及其挑战[J]. 人民论坛,2021(11)：14-18.

[183] 张瑞敏,龙梅. 政治优势与制度优势：中国打赢扶贫攻坚战的独特法宝[J]. 中南民族大学学报(人文社会科学版),2018 (4)：123 - 127.

[184] 张伟宾,汪三贵. 扶贫政策、收入分配与中国农村减贫[J]. 农业经济问题,2013 (2)：66 - 75.

[185] 张晓,叶普万. 世界反贫困战略的变迁及其启示[J]. 生产力研究,2006(6)：163 - 166.

[186] 张新平,成向东. 新时代"中国减贫方案"的世界意义[J]. 甘肃社会科学,2020(6)：71 - 78.

[187] 张永丽,沈志宇. 贫困与反贫困问题研究述论[J]. 西北民族大学学报(哲学社会科学版),2020(4)：129 - 140.

[188] 张玉鹏. 潍坊市民间组织参与农村脱贫攻坚工作的实践研究[J]. 乡村科技,2021 (6)：67 - 68.

[189] 张占斌. 中国减贫的历史性成就及其世界影响[J]. 马克思主义研究,2020(12)：5 - 14.

[190] 章文光. "五个一批"助力脱贫攻坚[J]. 人民论坛,2019(20)：62 - 63.

[191] 赵康杰,景普秋. 中华人民共和国 70 年城乡互动与城乡一体化演进：基于对外开放视角[J]. 南开学报(哲学社会科学版),2019(4)：23 - 35.

[192] 郑光凤,柳剑平,程时雄. 世界经济不平衡的主要成因：技术不平衡还是要素投入差异[J]. 理论月刊,2018(11)：123 - 131.

[193] 郑子青,郑功成. 消除贫困：中国奇迹与中国经验[J]. 中共中央党校(国家行政学院)学报,2021 (2)：39 - 48.

[194] 周飞舟. 从脱贫攻坚到乡村振兴：迈向"家国一体"的国家与农民关系[J]. 社会学研究,2021 (6)：1－22.

[195] 周浩然,赵曦. 世界反贫困战略研究[J]. 世界经济与政治,1994(12)：66－72.

[196] 周露平.《资本论》的反贫困哲学及其新时代价值[J]. 马克思主义研究,2019(12)：83－91.

[197] 周敏慧,陶然. 市场还是政府：评估中国农村减贫政策[J]. 国际经济评论,2016(6)：63－76.

[198] 周雪光. 权威体制与有效治理：当代中国国家治理的制度逻辑[J]. 开放时代,2011(10)：67－85.

[199] 周怡. 贫困研究：结构解释与文化解释的对垒[J]. 社会学研究,2002(3)：49－63.

[200] 朱梦冰,李实. 精准扶贫重在精准识别贫困人口：农村低保政策的瞄准效果分析[J]. 中国社会科学,2017(9)：90－112.

[201] 朱薇. 社会保障兜底扶贫的作用机理[J]. 人民论坛,2019(7)：64－65.

[202] 朱小玲,陈俊. 建国以来我国农村扶贫开发的历史回顾与现实启示[J]. 生产力研究,2012(5)：30－32.

[203] 庄天慧,杨帆,曾维忠. 精准扶贫内涵及其与精准脱贫的辩证关系探析[J]. 内蒙古社会科学(汉文版),2016(3)：6－12.

[204] 左停,刘文婧,李博. 梯度推进与优化升级：脱贫攻坚与乡村振兴有效衔接研究[J]. 华中农业大学学报(社会科学版),2019(5)：21－28.

[205] 左晓斯. 发达国家乡村贫困与反贫困战略研究：以美国为例[J]. 福

建论坛(人文社会科学版),2019(1): 163-177.

[206] 文秋良. 新时期中国农村反贫困问题研究[D]. 武汉: 华中农业大学,2006.

[207] 曹洪民. 中国农村开发式扶贫模式研究[D]. 北京: 中国农业大学,2003.

[208] 吕书奇. 中国农村扶贫政策及成效研究[D]. 北京: 中国农业科学院,2008.

[209] ALCOCK P. Understanding Poverty[M]. London: The Macmillan, 1993.

[210] LENSKI G E. Power and Privilege: A Theory of Social Stratification [M]. New York: McGraw-Hill, 1966.

[211] MYRDAL G. Economic Theory and Under-Developed Regions[M]. London: Duckworth, 1957.

[212] LAWSON E T, Gordon C, Schluchter W. The dynamics of poverty-environment linkages in the coastal zone of Ghana[J]. Ocean & Coastal Management, 2012, 67: 30-38.

[213] OSHIO T, KAN M R. Multidimensional poverty and health: Evidence from a nationwide survey in Japan[J]. International Journal for Equity in Health, 2014, 13: 128.

[214] RODRIGUEZ-OREGGIA E, DE LA FUENTE A, DE LA TORRE R, et al. Natural disasters, human development and poverty at the municipal level in Mexico[J]. The Journal of Development Studies, 2013, 49(3): 442-455.

[215] SUCHMAN M C. Managing legitimacy: Strategic and institutional approaches[J]. Academy of Management Review, 1995, 20(3): 571-610.

[216] WOODS F J. Five families: Mexican case studies in the culture of poverty[J]. Social Service Review, 1960, 34(1): 99-100.

后记

改革开放以来,中国反贫困取得了巨大的成就,创造了脱贫攻坚的世界奇迹,谱写了人类反贫困的历史新篇章,探索出一条具有中国特色的反贫困模式,形成了反贫困的中国方案。中国反贫困的成功经验,不仅为世界反贫困特别是发展中国家的反贫困提供了中国方案,也为丰富国际减贫知识库、发展反贫困理论贡献了中国智慧。

本书为中央高校基本科研业务费资助项目"中国特色反贫困理论研究"(2021WKFZZX012)、研究阐释党的十九届六中全会精神国家社科基金重大项目"伟大脱贫攻坚精神研究"(22ZDA091)阶段性成果。

本书具体写作分工如下:第一章世界反贫困的格局,傅丽丽、黄家文;第二章中国反贫困的背景与意义,何瑾;第三章中国反贫困的发展历程,王利娜;第四章政府主导,杨铭;第五章社会参与,王维;第六章精准方略,张坤;第七章中国特色反贫困的优势,谢琼彦;第八章中国反贫困的经验,向凯;第九章中国反贫困的世界影响,刘风、向雪琪。全书由向德平拟定框架并审订全稿。

向德平

2024 年 10 月

内容简介

中国是最早实现联合国千年发展目标中减贫目标的发展中国家，中国的反贫困经验为世界反贫困提供了方式方法、路径手段等方面的宝贵借鉴。本书紧紧围绕阐释中国之治在反贫困领域的成功密码，彰显了中国积极参与全球贫困治理、以构建人类命运共同体的责任担当、积极为世界反贫困事业贡献中国方案的伟大成就。中国特色反贫困理论体系和实践经验已成为讲好中国故事，传播好中国声音的重要载体，是中国国家治理能力现代化和参与全球治理的重要体现。本书是中国特色反贫困理论和实践与世界反贫困行动有效衔接的生动写照，包含世界反贫困的格局、中国反贫困的背景与意义、中国反贫困的发展历程、政府主导、社会参与等九个章节。